MÉMOIRE

SUR UNE ÉPIDÉMIE DE FIÈVRES TYPHOÏDES

Observées à Moulins-la-Marche pendant les années 1855 et 1856.

De l'Imprimerie de BEAU, à Saint-Germain-en-Laye.

ACADÉMIE IMPÉRIALE DE MÉDECINE

Commission des Épidémies. — Médaille d'argent 1857.

MÉMOIRE

SUR UNE ÉPIDÉMIE

DE

FIÈVRES TYPHOÏDES

OBSERVÉES A MOULINS-LA-MARCHE

PENDANT LES ANNÉES 1855 ET 1856,

PAR LE DOCTEUR RAGAINE,

Médecin des épidémies, Médecin de l'Hôtel-Dieu et des Prisons de Mortagne (Orne),
Médecin légiste pour l'arrondissement,
Médecin de l'Administration des Nourrices de la rue Sainte-Apolline, etc.

PARIS

LIBRAIRIE DE GERMER-BAILLÈRE

17, RUE DE L'ÉCOLE DE MÉDECINE

1858

DÉPARTEMENT DE L'ORNE.

Arrondissement de Mortagne.

Mortagne, le 7 juillet 1856.

MONSIEUR,

J'ai l'honneur de vous transmettre copie d'une délibération du 9 mai dernier, par laquelle le Conseil municipal de Moulins-la-Marche vous adresse des remerciements pour le dévouement éclairé et le généreux désintéressement dont vous avez fait preuve pendant la durée de l'épidémie qui a frappé la commune de Moulins-la-Marche.

Ampliation de cette délibération a été transmise à M. le Préfet.

J'ai été à même, Monsieur, d'apprécier combien ce témoignage spontané de la reconnaissance publique était mérité, et je ne fais que vous rendre justice en ajoutant que, dans cette circonstance, vous vous êtes montré fidèle à vos précédents.

Recevez, Monsieur, la nouvelle assurance de mes sentiments les plus distingués.

Le Sous-Préfet de Mortagne :

DE BOYER DE SAINTE-SUSANNE.

COMMUNE DE MOULINS-LA-MARCHE.

Note de remerciements à M. le Docteur Ragaine.

L'an mil huit cent cinquante-six, le neuf mai, le Conseil municipal de la commune de Moulins-la-Marche, réuni en session ordinaire, sous la présidence de M. Bigot, maire ; présents : MM. Fleury, Biget, Pousset, Bouffay, Thorel, Lainey, Magné-Vincent, Allée et Ragot, ce dernier élu secrétaire,

Considérant les services rendus aux habitants de cette commune par M. le docteur Ragaine, de Mortagne, lors de la longue et cruelle épidémie qui a régné et sévi pendant l'automne et l'hiver derniers, en visitant et soignant journellement et avec le plus noble dévouement, de jour et de nuit, les personnes atteintes du fléau, au nombre de 114, dont 104 ont été guéries, traitant gratuitement et avec le même empressement et le même zèle les pauvres aux besoins desquels il allait jusqu'à pourvoir de ses propres deniers,

Est unanimement d'avis d'offrir, comme en effet il offre à M. le docteur Ragaine, ses felicitations et le témoignage de sa reconnaissance, exprimant le plus vif désir qu'une médaille lui soit décernée à titre de récompense.

Délibéré à la Mairie ledit jour, et rédigé en deux originaux, pour être adressés, l'un à M. Ragaine, l'autre à M. le Préfet.

Ragot, Magné-Vincent, Thorel, Fleury, Provost, Lainey, Pousset, Biget, Allée (Gabriel), Bouffay, BIGOT.

MÉMOIRE

SUR UNE ÉPIDÉMIE DE FIÈVRES TYPHOÏDES

Observées à Moulins-la-Marche pendant les années 1855 et 1856.

TOPOGRAPHIE.

Le bourg de Moulins sur lequel l'épidémie a principalement sévi, est bâti au versant d'un plateau peu étendu, mais élevé. Un monticule, composé de sable fortement mêlé d'argile et haut d'environ vingt-cinq mètres, se trouve à l'entrée du bourg, à gauche de la route départementale. Le plateau de Moulins est dominé par ce monticule, qui met le bourg à l'abri des vents du sud-ouest. Au nord-ouest, au pied du monticule et au centre de Moulins, est un vaste bassin alimenté par les eaux pluviales, et qui sert d'abreuvoir aux bestiaux.

La route départementale, macadamisée, mais dont les caniveaux ne sont pas pavés, traverse le village à peu près dans la direction du sud au nord et toujours en montant ; elle traverse ainsi le plateau de Moulins, au pied duquel elle commence, en passant sur un ruisseau assez considérable dont les eaux sont saines.

Un grand nombre de ruelles étroites aboutissent à la route départementale; toutes sont inclinées, et suivent la pente orientale du plateau : ces ruelles ne sont ni pavées ni macadamisées ; un grossier empierrement que l'on remarque çà et là ne les empêche pas d'être fangeuses et très-sales ; elles n'ont pas de ruisseau. L'eau pluviale aussi bien que les eaux ménagères des masures qui bordent les ruelles circulent ou séjournent dans ces cloaques encombrés de fumiers de toute espèce, infectés de toutes sortes de déjections et des débris inutiles des animaux abattus par les charcutiers et les bouchers.

Le bourg de Moulins offre deux aspects très-différents : sur la route, la propreté est complète, les maisons sont neuves, bien bâties, bien aérées ; dans les ruelles, la malpropreté est absolue, et les masures qui les forment sont pour ainsi dire en ruine : sales, mal aérées, elles présentent toutes les conditions de l'insalubrité.

Le sol du plateau est formé de sable siliceux, chargé d'argile ferrugineuse, contenant d'imperceptibles paillettes de mica : dans quelques parties on rencontre le carbonate de chaux.

Les eaux du ruisseau, avons-nous dit, sont de bonne qualité; celles que l'on tire des puits sont également bonnes et propres à tous les usages domestiques.

Dominé, mais en partie, par le monticule qui est à l'entrée, le bourg de Moulins est accessible à tous les vents, sauf ceux du sud-ouest. L'air circule librement sur cette hauteur, et, sous ce rapport, le pays offre d'excellentes conditions d'hygiène; mais cet avantage est compromis par l'état d'insalubrité et de malpropreté d'une partie très-considérable du bourg.

PARTIE RURALE.

La partie rurale de la commune de Moulins, dans laquelle nous n'avons observé qu'un petit nombre de cas (mais tous très-graves) de la fièvre typhoïde épidémique, offre une surface assez accidentée; elle est composée presque en totalité d'herbages, de prés et de terre de labour de bonne qualité; il n'y a pour ainsi dire point de terrains incultes, fort peu de bruyères, si ce n'est celles qui terminent les parties boisées.

Cette partie qui ne renferme que 220 habitants est traversée comme le bourg par la route départementale et par les chemins de grande et de petite vicinalité; elle est arrosée par deux ruisseaux dont le courant est rapide et qui forment bientôt un volume d'eau assez considérable pour servir à l'exploitation de deux moulins.

Ces ruisseaux servent également à l'usage de deux tanneries.

	Hect.	Ares.	Cent.
Terres labourables.	710	50	60
Pépinières	»	70	»
Mares et pièces d'eau. . . .	»	13	40
Prés.	123	2	40
Jardins.	11	72	»
Pâturages et vergers. . . .	328	24.	20
Sapinières et futaies. . . .	»	»	»
Taillis, broussailles et bois. .	92	89	30
Chemins, bruyères et friches.	4	62	60
Total. . . .	1271	84	50

Presque toutes les pièces de terre, prés, herbages ou terres de labour sont entourés de haies, au milieu desquelles s'élèvent de grands arbres, tels que chênes, frênes, ormes ou peupliers. Les arbres fruitiers plantés dans l'intérieur des pièces sont des pommiers et des poiriers. L'usage est d'émonder tous les six ans les haies et les arbres tronqués ou troènes. Ces émondes et le bois des pommiers morts appartiennent au fermier et suffisent ordinairement, dans les fermes de moyenne importance, à les dispenser d'acheter le bois de chauffage. Ces arbres, qui entourent les pièces d'une superficie peu considérable, nuisent beaucoup à la culture, soit par leurs racines, soit en interceptant les rayons du soleil.

On laisse aussi, souvent, au pourtour des

champs, entre les haies et les sillons, un espace inculte nommé *fourrière*, large de quelques mètres, de sorte que la superficie productive se trouve fort réduite. Il y aurait donc un grand avantage à abattre ces arbres et à réunir, autant que possible, les pièces qu'ils séparent. On gagnerait en superficie le fossé et les deux fourrières. Le terrain, qui recevrait dès lors plus d'air, de lumière et d'eau, deviendrait plus fertile. Un grand nombre de cultivateurs, reconnaissant déjà que les grands champs sont les meilleurs, ont adopté ce système d'éclaircies; reconnaissant également que les pommiers nuisent beaucoup à la culture des céréales, ils ont, tout en se ménageant l'immense ressource des fruits, adopté le système de plantation dit *en ceinture*.

CLIMAT ET MÉTÉOROLOGIE.

Le climat, quoique tempéré, est plus froid que celui de Paris. Le printemps est généralement assez pluvieux; l'été et l'automne assez secs; l'hiver fort variable, tantôt froid et neigeux, tantôt humide et pluvieux : les conditions hygrométriques sont les mêmes dans cette commune que dans les autres parties de l'arrondissement.

Les orages sont rares, les brouillards peu intenses et peu fréquents, si ce n'est dans la vallée.

Les vents d'ouest et de sud-ouest soufflent pendant 190 jours environ; ils sont les précurseurs de la pluie; les arbres sont tous inclinés de l'ouest à l'est. Les vents de l'est, du nord et du nord-est soufflent pendant 130 jours ; ils amènent ordinairement le beau temps. Les vents du sud sont les plus rares.

Comme on le voit, les variations de température sont fréquentes. Vers la fin d'avril et au commencement de mai, des vents rigoureux détruisent la floraison des arbres avancés (espèces précoces) et déterminent une grande irrégularité dans la récolte des fruits.

La température moyenne pour toute l'année est de 12° cent. ; le maximum en juillet atteint 29° ; en décembre elle descend jusqu'à 11° — o. L'hiver de l'épidémie, elle a varié entre 8° + o et 7° — o.

MÉTÉOROLOGIE PENDANT L'ÉPIDÉMIE.

Nous avons dit que les vents d'ouest régnaient habituellement : ils ont alterné pendant les mois de juillet, août, septembre, octobre, avec les vents du sud-ouest ; ces derniers ont prédominé dans les mois de juillet, d'août et de septembre : ils ont succédé à des pluies abondantes. Plusieurs orages se sont manifestés, accompagnés de tonnerre sous une température qui variait de 20 à 25° centigrades.

C'est sous l'influence de ces conditions atmosphériques, dans le courant des mois de septembre et octobre, que l'épidémie que nous avons observée prit un caractère vraiment alarmant. En ce moment, en effet, les fièvres bilieuses simples dégénérèrent en fièvres graves, et plus de vingt personnes furent frappées simultanément.

Dans les mois de novembre et décembre le nombre des malades s'accrut encore.

Vers la fin de décembre et dans le courant de janvier la gelée et les neiges survinrent; le thermomètre centigrade marqua pendant plusieurs jours et à diverses reprises, 10 et 11° — 0; à partir de cette époque, le caractère de l'épidémie devint d'une bénignité que nous n'avions pas encore eu lieu d'observer.

POPULATION TOTALE : 1063.

Sexe masculin.		Sexe féminin.	
Garçons.	201	Filles.	219
Hommes mariés. .	272	Femmes mariées. .	272
Hommes veufs. . .	30	Femmes veuves. . .	60
Total. . . .	503	Total. . . .	551
Bourg. . . .	900	Partie rurale. .	163

Ages.

Depuis la naissance jusqu'à 20 ans	282
De 20 à 40 —	279
De 40 à 60 —	285
De 60 à 80 —	208
De 80 à 100 —	9
	1,063.

Augmentation depuis 5 ans 0
Diminution — — 37

PERFECTIONNEMENT.

Le perfectionnement est incontestable au point de vue des habitations, des vêtements, de la nourriture même pour les classes aisées.

L'agriculture surtout a fait de notables progrès ; l'instruction s'est répandue.

APPAUVRISSEMENT.

L'appauvrissement qui frappe depuis quatre ans les classes moyennes et inférieures de la société est dû principalement au prix élevé des denrées alimentaires ; mais les causes de cet ordre ne sont que momentanées : il en est d'autres qui sont permanentes et sur lesquelles on ne saurait trop s'appesantir. Je veux parler de l'habitude du jeu, de l'abus des liqueurs alcooliques, passions qui, depuis quelques années, ont pris une extension incroyable ; ajoutez les dépenses exagérées en bijoux, en vêtements de luxe chez des filles et des femmes d'artisans, de cultivateurs, qui n'ont d'autre ressource que leur travail. Joignons encore à ces causes le chômage forcé pendant l'hiver pour quelques professions, puis l'usure, et enfin l'ambition chez quelques cultivateurs d'acquérir des terres dont la valeur est bien supérieure aux capitaux dont ils disposent.

Dans la partie rurale, les habitants se livrent presque exclusivement à l'agriculture comme propriétaires, comme fermiers ou comme journaliers : on compte 19 fermiers, 2 tanneurs et un sabotier.

Dans le bourg les professions sont ainsi réparties:

Salaires non taxés pour la plupart de ces professions.

Tisserands.	11	Aubergistes et Cafetiers	24
Journaliers.	21	Epiciers.	10
Maréchaux et serruriers	7	Bouchers.	3
Charrons.	5	Saboliers.	4
Maçons.	7	Rentiers.	14
Charpentiers. . . .	2	Fonctionnaires. . . .	7
Boulangers.	4	Domestiques. . . .	42

Beaucoup de femmes et de filles du bourg, entre autres celles de la partie rurale, qui ne s'adonnent pas aux travaux des champs, se livrent à l'industrie des gants. Les enfants sont employés à garder les bestiaux dans les champs ou à toucher les chevaux attelés à la charrue.

SALAIRES.

Le salaire des artisans et des journaliers donne pour moyenne 1 fr. 25 c.; il en est un grand nombre qui ne gagnent que 50 centimes en hiver, et 60 centimes en été, nourriture en plus; quelques-uns gagnent jusqu'à 1 fr. 50 et 2 fr. Le travail marchandé ou par entreprise procure un gain généralement plus considérable. Le salaire des moissonneurs varie de 75 cent. à 2 fr 50, outre la nourriture.

C'est principalement depuis quatre années que les salaires de la plupart des journaliers et des artisans sont devenus insuffisants : ils ne leur permettent plus de se procurer que des substances alimentaires avariées, et dont la quantité n'est pas toujours en rapport avec leur appétit. Un grand nombre d'individus mange de la viande de boucherie cinq ou six fois par semaine, quelques-uns jamais. En présence de salaires aussi réduits que ceux que nous venons de citer, on est tout naturellement amené à se demander comment l'homme qui n'a pas d'autre ressource pour soutenir une famille entière, peut lui donner le pain, le vêtement, le chauffage et l'habitation. Les faits de tous les jours sont là pour répondre que cet homme, aussitôt que sa famille s'accroît, voit la misère fondre sur sa maison. Qui ne se sentirait pénétré d'admiration pour ces rudes habitants des campagnes qui n'exhalent jamais aucun murmure, bien que, souvent accablés de souffrances de toute sorte, ils n'aient d'autre perspective pour eux et pour leur famille que les privations et la misère.

Une élévation des salaires est donc indispensable : les gages des domestiques, qui étaient de 80 fr. pour les femmes et de 140 pour les hommes, ont subi une augmentation assez considérable : ils s'élèvent à 120 fr. pour les premières, et à 200 fr. pour les seconds. Il devient indispensable que les salaires des artisans et des journaliers subissent des modifications analogues.

On pourra ainsi espérer préserver, en partie du moins, les enfants du vagabondage et de la mendicité ; car il faut compter encore parmi les causes d'indigence, l'habitude de mendier, qui devient une profession pour quelques familles : on y style les enfants, et les réglements de police paraissent impuissants à réprimer ce désordre dans les circonstances actuelles ; la charité mal entendue et des aumônes faites sans discernement sont en effet plutôt propres à entretenir dans le vice, la fainéantise et le vagabondage une partie de la classe indigente.

Parmi les causes d'appauvrissement, nous signalons encore pour les fileuses l'invasion dans le commerce des fils préparés à la mécanique.

HEURES DE TRAVAIL.

Le travailleur, dans la partie rurale, commence ordinairement sa journée avec le lever du soleil, et il la continue jusqu'à l'arrivée de la nuit ; dans le bourg, l'artisan veille généralement l'hiver ; enfin, les journées sont de 12 et 14 heures ; trois heures sont consacrées aux repas.

INFLUENCE DE QUELQUES PROFESSIONS SUR LA SANTÉ.

On observe assez fréquemment chez les tisserands qui travaillent dans des caves humides, privées d'air et de lumière, des altérations du sang, telles que des chloro-anémies et des scrofules ; ces maladies deviennent plus rares chaque jour chez ces artisans, grâce à une meilleure connaissance des règles de l'hygiène.

On remarque assez fréquemment aussi diverses affections des yeux chez les personnes qui se livrent à la fabrication des gants.

LOISIRS.

Les jours de loisirs sont les dimanches et fêtes : un grand nombre d'individus les passent en famille ou en profitent pour cultiver un champ, un jardin ; quelques-uns, les jeunes gens notamment, emploient ce temps à jouer et à boire ; il est aussi des pères de famille qui les imitent, et dépensent dans un jour le gain de la semaine.

Il en est bien peu qui emploient leurs loisirs au profit de leur instruction ou au développement de leur intelligence.

HABITATIONS.

Les habitations du bourg, celles surtout qui sont construites depuis quelques années, offrent, comme nous l'avons déjà signalé, un certain cachet de propreté et d'élégance; elles se font remarquer par le nombre des fenêtres, des portes, enfin par un certain soin de l'hygiène et de la salubrité. Il est vrai que l'instruction et la civilisation ont fait des progrès remarquables dans cette partie de l'arrondissement.

Les maisons ont toutes, pour ainsi dire, un étage; les plus modernes sont construites en moëllons, briques, chaux et sable; les plus anciennes sont recouvertes en tuiles et en ardoises; la plupart de ces habitations possèdent des caves.

Dans la campagne on rencontre encore un petit nombre d'habitations qui offrent les mêmes conditions de salubrité; mais les autres, et c'est le plus grand nombre, sont construites en terre, avec charpentes en bois recouvertes en tuiles ou en chaume. Il n'existe pour ces habitations qu'un rez-de-chaussée sans cave, et surmonté d'un grenier dont le plancher est couvert d'argile et qui est destiné à recevoir la moisson ou les fourrages.

Dans la pièce principale donne une porte qui conduit à la laiterie ; cette porte est toujours située à la tête du lit ; par là échappent des odeurs infectes de fermentation putride ; la même chambre est percée de deux autres portes : l'une conduit à l'écurie et l'autre au cellier, du moins il en est presque toujours ainsi. Une seule porte donne au dehors ; une petite fenêtre donne issue aux rayons du soleil. Le plafond est le plus souvent bas et garni de fromages qui sont à dessécher. Cette même pièce renferme parfois jusqu'à deux ou trois lits. La cheminée, haute et large d'ouverture, sert à grouper autour de son foyer les habitants de la ferme que le loisir ou le mauvais temps retiennent chez eux. Une longue table, ordinairement bien cirée, occupe le milieu de cette pièce et sert pour les repas.

Devant la porte d'entrée des fermes et en général dans presque tout le village, on compte comme causes d'insalubrité les plus constantes, les flaques d'eau des chemins, puis les marécages, tantôt servant d'abreuvoirs, tantôt utilisés au rouissage du chanvre (on choisit de préférence pour cette opération les eaux courantes), puis aussi des mares qui reçoivent les eaux ménagères et celles qui s'écoulent des étables et des écuries. Dans l'été, quelques-unes de ces pièces d'eau sont desséchées et de leur sol impur s'échappent des émanations putrides qui produisent quelquefois des fièvres intermittentes.

Les écuries sont généralement bien exposées, larges et élevées : elles sont remarquables par leur propreté ; elles ne sont pas trop peuplées. Un grand nombre d'ouvertures permettent à l'air extérieur de pénétrer. Les étables et les bergeries, au contraire, sont basses, étroites, mal aérées et d'une mauvaise orientation ; leur sol inégal et fangeux n'offre point assez de pente à l'écoulement des urines. Les animaux sont pressés outre mesure ; ils sont sans litière ou piétinent sur une paille toujours humide et réduite à l'état de fumier.

Parmi les habitants des fermes et du village, on n'a point à déplorer d'agglomération excessive ; dans les fermes les domestiques couchent généralement dans les écuries et les étables.

ALIMENTATION

Des Hommes.

Partie rurale. — La nourriture des habitants de cette partie de la commune se compose habituellement d'un peu de beurre et de laitage, mais principalement de fromage, de pain de blé et seigle (méteil), d'orge et de blé (mouture), rarement de froment pur, jamais de sarrazin. Chez le fermier pauvre, chez les journaliers, ces céréales sont souvent, et surtout depuis quatre ans, de mauvaise qualité; leur farine grossière sert à confectionner un aliment lourd et d'une difficile digestion; la pâte n'est ni assez fermentée ni assez cuite. Ces aliments déterminent chez les vieillards des maladies plus ou moins graves des voies digestives, maladies qu'une alimentation de meilleure qualité fait disparaître souvent assez rapidement.

On y consomme encore les lentilles, les pois, les haricots, les harengs et les salaisons, enfin la pomme de terre qui constitue en grande partie la nourriture du pauvre et celle de quelques animaux. (La maladie de ce tubercule ne nous a point paru avoir d'influence sur la santé de ceux qui le consomment.)

Les gens aisés, quelquefois dans la semaine, mais toujours le dimanche, composent un ou deux de leurs repas de viande dite de boucherie.

On fait généralement quatre ou cinq repas; la soupe maigre fait la base de trois au moins. Les fruits acides entrent pour beaucoup dans leur composition. Lorsque les pommes sont communes, on en donne pour ainsi dire à discrétion aux journaliers et aux domestiques. Dans la plupart des fermes, les maîtres mangent à la même table que les domestiques.

Les viandes viennent du bourg : elles ne sont pas de mauvaise qualité; vache, veau et mouton, selon la saison. Le débit en est cependant peu surveillé, quoique cette question mérite toute l'attention de l'autorité.

Partie agglomérée. — La nourriture des habitants du bourg est généralement meilleure; ils consomment beaucoup plus de viande de boucherie et de porc frais que dans la partie rurale; le pain cuit chez des boulangers ne laisse rien à désirer sous le rapport de la composition et de la préparation.

Pour toute la commune, la boisson est le cidre

de pommes et, plus rarement, de poires. Dans les années de disette, on consomme une boisson de fruits cuits que l'on obtient par macération.

Durant ces périodes désastreuses, les pauvres font usage d'un liquide presque incolore, suffisant pour désaltérer, mais impropre à soutenir les forces ou à les réparer.

Dans le bourg, on boit une assez grande quantité de vin, notamment chez les propriétaires aisés. Dans les auberges, on consomme de l'eau-de-vie et du café, principalement de l'eau-de-vie et des liqueurs; enfin de la bière fabriquée au chef-lieu du département.

Depuis quelques années, le nombre des cafés et des auberges s'est accru d'une manière effrayante.

Les consommations ont suivi cette progression. Il en résulte que les dimanches et fêtes, et souvent même dans la semaine, le cultivateur, l'artisan, le célibataire ou le père de famille viennent se livrer au jeu et à l'ivrognerie.

ALIMENTATION

Des Animaux.

L'alimentation des animaux peut se diviser en trois catégories : 1° aliments fibreux; 2° aliments féculeux; 3° aliments de circonstance. Dans la première catégorie se trouvent le foin, le trèfle, la luzerne, le sainfoin et l'hivernage; dans la deuxième, l'avoine, la farine d'orge et recoupe, la pomme de terre, l'orge bouillie, la betterave; dans la troisième, la pomme à cidre.

Boissons. — L'eau qui sert à abreuver les animaux provient le plus ordinairement de mares dans lesquelles vont se perdre, comme nous l'avons déjà signalé, la presque totalité des jus de fumiers. Il serait bien à désirer que les cultivateurs comprissent que, outre les inconvénients qui résultent quelquefois pour leurs bestiaux de l'ingestion continue de ces eaux presque corrompues, ils devraient imprimer une toute autre direction aux jus de leurs fumiers ou à leurs eaux ménagères, soit en les dirigeant dans leurs pâturages quand la disposition du terrain le permet, soit en les faisant porter dans ces mêmes pâtures, soit encore en arrosant leurs terres avec ces produits chargés de tant de principes fertilisants.

L'eau des puits est rarement employée comme boisson, excepté en hiver, quand l'eau des mares est congelée.

VÊTEMENTS.

Dans le bourg, les vêtements ne diffèrent point de ceux des villes, dans la partie rurale, l'habitant porte deux costumes; un pour les jours de travail, l'autre pour le dimanche : vêtement de toile recouvert d'une blouse, bonnet de coton ou casquette, sabots, rarement des bas. Les femmes portent de la toile et de la cotonnade, des bonnets de mousseline, plus souvent de coton, des bas de laine et des sabots.

On remarque le dimanche, chez l'homme, la

blouse bleue brodée, en fil ou en coton, le vêtement de drap, le chapeau de soie ou de feutre, enfin les souliers ou les bottes. Les femmes portent une étoffe de laine et de coton dite de St.-Lô; quelques-unes du mérinos et même de la soie, des bonnets de mousseline ornés de dentelle et de rubans.

Ces vètements, suffisants pour notre climat tempéré, n'offrent rien de préjudiciable à la santé; cependant on remarque que l'usage pernicieux des corsets commence à devenir commun dans la campagne.

L'habitude si funeste d'emmailloter les enfants a complétement disparu.

La propreté dans la partie rurale de la commune laisse encore beaucoup à désirer.

ÉTAT SANITAIRE.

L'état sanitaire est ordinairemeut bon ; on a rarement lieu d'observer les maladies sous la forme épidémique. La dernière épidémie qui ait sévi sur cette commune remonte à seize ans; elle se présenta sous la forme d'une dyssenterie bilieuse disposée à revêtir l'état typhoïde.

Cette épidémie fut meurtrière ; elle choisit principalement ses victimes parmi les enfants et les vieillards.

MALADIES DES HOMMES.

Les maladies endémiques sont celles qui se manifestent généralement dans nos climats tempérés et qui sont propres aux divers âges de la vie : depuis l'âge de dix ans, la rougeole, la scarlatine rarement, la dyssenterie et la fièvre typhoïde. Les scrofules et les chloroses sont assez communes ; les phthysies sont rares : dans le bourg, elles marchent rapidement vers une terminaison funeste.

Les fièvres intermittentes sont assez fréquentes dans la partie rurale, souvent rebelles ; quelquefois elles présentent un caractère pernicieux.

Nous avons remarqué que les inflammations franches et simples qui sévissent ordinairement pendant l'hiver et au printemps frappent les organes parenchymateux, les membranes séreuses ;

Que les maladies aiguës du poumon, des bronches, des plèvres, des articulations, avaient depuis quelques années une grande tendance à rentrer dans le type bilieux, intermittent ou typhoïde ;

Que ces affections dégénéraient d'autant plus vite pour revêtir la forme d'une fièvre grave ; de plus, leur terminaison était d'autant plus promptement fatale que les émissions sanguines avaient été moins ménagées. Nous avons observé aussi qu'une médication purement évacuante triomphait souvent d'un grand nombre de ces maladies.

Nous avons constaté quelques cas d'épilepsie, de monomanie et d'idiotisme.

Il existe aussi, dans le bourg principalement, des affections syphilitiques.

Les grossesses et les accouchements se passent généralement d'une manière heureuse; on observe quelques cas de grossesse double. Les mères nourrissent leurs enfants; quelques-unes artificiellement.

Parmi les causes générales des maladies qui sévissent sur la population de cette commune, nos observations nous portent à signaler l'abus des liqueurs alcooliques, les excès de toute espèce, enfin la quantité insuffisante et la mauvaise qualité des denrées alimentaires.

Le terme moyen de la vie est de 48 ans environ. Parmi les actes de décès enregistrés à la mairie, on constate une proportion remarquable de sexagénaires, de septuagénaires, d'octogénaires et même de nonagénaires.

Les maladies les plus fréquentes qui sévissent sur les animaux, sont pour le cheval : 1° les affections aiguës des voies respiratoires, surtout chez les poulains; 2° les affections aiguës du canal intestinal, tant à l'état de congestion qu'à celui d'inflammation; les indigestions, affections de la peau, congestions, inflammations érysipélateuses simples. Les animaux de l'espèce bovine sont sujets à quelques affections aiguës du tube intestinal, puis aux indigestions, aux tympanites. Chaque année on voit apparaître la fièvre aphtheuse, connue vulgairement sous le nom de *cocotte.*

Les bêtes ovines sont assez souvent attaquées de fièvres aphtheuses et de cachexie aqueuse; enfin l'espèce porcine est plus fréquemment atteinte de la fièvre aphtheuse.

De toutes ces maladies, il n'y en a guère que trois qui revêtent assez souvent la forme enzootique; telles sont, pour le cheval, les rhinites ou gourmes; pour le bœuf, la fièvre aphtheuse; et pour le mouton, la fièvre aphtheuse et la cachexie aqueuse.

Les causes qui provoquent pour le cheval les enzooties de rhinites catharrales, sont : le brusque sevrage, le changement d'habitation, de nourriture, de climat, l'exposition au froid humide et aux pluies dans les pâturages au printemps et à l'automne, les courants d'air. La fièvre aphtheuse du bœuf, comme celle du mouton et du porc, reconnaît pour causes principales : les influences atmosphériques et les variations subites, le froid humide, la malpropreté des logements et la fétidité des litières.

Cette affection est contagieuse médiatement par les personnes qui soignent les animaux malades et qui ont des communications avec ceux qui sont sains ; immédiatement par les porcs et moutons qui en sont atteints.

Enfin la cachexie aqueuse a pour causes la température froide et humide, les habitations constamment humides, l'alimentation insuffisante ou avariée, la pâture sur des terrains marécageux ou dans les lieux où croissent des plantes molles.

MORTALITÉ.

Décès : Moyenne de 5 années : 23.

D'un an à 20 ans.	4
De 20 à 40	3
De 40 à 60	4
De 60 à 80	9
De 80 à 100	3
Total.	23

Sexe masculin.		Sexe féminin.	
Garçons.	4	Filles.	3
Hommes mariés. . .	5	Femmes mariées. . .	4
Hommes veufs. . . .	3	Femmes veuves. . .	4
Total.	12	Total.	11

Parmi ces morts :

Pauvres.	3
Aisés.	20

Trois individus, par an, meurent sans recevoir les secours de la médecine.

INHUMATIONS.

Il est rare que l'on attende 24 heures pour enlever un mort de son domicile : les inhumations sont toujours précipitées, surtout lorsqu'il règne des maladies épidémiques. Les préjugés relatifs à la contagion sont tellement développés que, dans le but de se soustraire à son influence réelle ou non, les habitants de la partie rurale principalement se hâtent, après douze ou dix-huit heures à partir du décès, d'enlever le cadavre.

La constatation des décès n'a point lieu; les réglements de police relatifs à la profondeur des fosses sont régulièrement observés; le cimetière est dans les conditions prescrites par le décret de l'an VIII.

Les chiffres de la mortalité et des naissances sont à peu près égaux. Le nombre des veuves est un peu plus considérable que celui des veufs.

SECOURS DANS LES MALADIES.

Il n'y a point de médecin pour le service spécial des pauvres de la commune; ils reçoivent des secours à domicile de *tous* les médecins qu'ils font appeler. Quant aux médicaments, ils les doivent à la générosité du pharmacien du bourg ou de ceux des villes voisines; enfin quelques personnes bienfaisantes procurent aux nécessiteux des secours de toute espèce. Au château de Falandre, la charité est pratiquée dans les plus larges proportions ; aucune misère n'arrive à la connaissance des habitants de ce château sans qu'aussitôt des secours et des consolations ne soient prodigués.

Madame la marquise elle-même ne craint pas, au péril de sa vie, de pénétrer dans l'intérieur des chaumières où des maladies épidémiques et contagieuses sévissent avec la plus grande intensité, et à plusieurs reprises son pieux et énergique dévouement a arraché bien des victimes au fléau.

Il n'existe dans la commune ni hospice ni sœur de charité ; cependant, vers la fin de l'épidémie qui a frappé tant de personnes à la fois, nous avons obtenu une sœur de la Miséricorde, qui, en se multipliant auprès de nos malades, nous a rendu des services signalés.

Depuis la cherté des denrées alimentaires un bureau de charité a été organisé, mais ses ressources sont trop souvent insuffisantes.

CHARLATANISME.

Le bourg et la partie rurale de la commune de Moulins ne sont point à l'abri du charlatanisme; les guérisseurs sont nombreux dans le pays et ils exercent souvent sur l'esprit populaire une influence remarquable; ceux-là même que leur intelligence et leur éducation devraient garantir des erreurs pardonnables à la multitude, s'en laissent souvent imposer par des guérisseurs dont les cures merveilleuses sont proclamées par des ignorants ou des complices.

Les matrones ou les affranchisseurs font la médecine humaine, et pratiquent un grand nombre d'opérations de petite chirurgie.

VACCINE.

La vaccine est régulièrement pratiquée; tous les ans le docteur Renault, qui a obtenu un grand nombre de médailles pour ses nombreuses vaccinations, vient pratiquer cette opération dans le bourg; ses services sont gratuits pour tous les habitants de la commune, ainsi que ceux des médecins ordinaires et de la sage-femme.

Les instituteurs n'admettent que des enfants vaccinés; aucun préjugé ne s'élève contre cette opération qui est même réclamée avec empressement par les parents.

Les revaccinations nous paraissent utiles, nécessaires même, et cependant il n'est pas d'usage de revacciner dans cette commune. Après des cicatrices très-apparentes d'une bonne vaccine, nous avons quelquefois constaté des cas de variole confirmée et rarement des cas de varioloïde.

Il n'y a point pour cette commune de vaccinateur cantonnal.

MENDICITÉ.

Le nombre des mendiants est peu considérable; il se compose pour la plupart de vieillards et d'enfants ou d'individus atteints d'infirmités. En général, l'homme valide ne mendie point, néanmoins, depuis que les denrées alimentaires se maintiennent à un prix si élevé, nous rencontrons assez fréquemment pendant l'hiver des individus valides et dans la vigueur de l'âge, allant dans les fermes et même dans le bourg solliciter des secours que l'absence du travail ou l'insuffisance du salaire ne peuvent leur procurer. Aussitôt que la saison permet de reprendre les travaux dans les champs ou dans les jardins, ces mendiants disparaissent.

L'habitude de mendier, qui devient une profession pour une multitude de familles, est rare dans cette commune; les nécessiteux de nos campagnes ont généralement travaillé toute leur vie; ils ne se livrent à la mendicité que parce qu'affaiblis soit par l'âge, soit par les maladies, ils ne peuvent plus subvenir à leur existence.

Ordinairement chaque mendiant de la commune voyage seul ; il franchit rarement la circonférence de deux ou trois communes. Depuis que l'administration fait à la mendicité l'application vigoureuse de la loi, on ne rencontre plus ces troupes d'hommes audacieux et valides qui exigaient avec autorité des secours de toute espèce et qui étaient devenus l'effroi des campagnes.

Il serait nécessaire, pour faire disparaître la mendicité, de créer dans chaque commune un bureau de charité, une société de secours mutuels au chef-lieu de canton, des distributions de médicaments, des ateliers de travail pour l'homme valide dans les temps malheureux, des salles d'asile pour l'enfance et un dépôt de mendicité pour la vieillesse.

Il existe dans la commune 30 mendiants nécessiteux et 5 mendiants fainéants.

PROSTITUTION.

La prostitution proprement dite n'existe point dans cette commune.

FILLES-MÈRES.

On compte seulement deux filles-mères dans la commune; elles élèvent leurs enfants; elles savent lire et écrire :

On doit généralement attribuer la faute de ces malheureuses à un défaut de moralité, à la violence des passions, à l'amour de la parure, à la domesticité chez un maître immoral, aux promesses de mariage, à l'absence d'éducation et de surveillance, au mauvais exemple, à l'habitation en commun, quelquefois à la misère.

Depuis seize ans que nous exerçons la médecine légale dans l'arrondissement, nous n'avons point constaté dans cette commune de cas de viol ou d'attentats à la pudeur, point d'infanticides. Quant aux tentatives d'avortement, nous ne doutons pas qu'elles ne soient assez fréquentes mais le plus souvent infructueuses.

Bien que le tour qui était autrefois établi à l'Hôtel-Dieu de Mortagne soit légalement supprimé, les filles-mères savent parfaitement qu'après le dépôt fait sur le seuil de la porte de cet hospice et après un signal donné, leur enfant sera recueilli par les religieuses et envoyé au chef-lieu du département.

Le rétablissement complet et officiel du tour nous paraîtrait bien préférable à une demi-mesure palliative qui n'empêche pas toujours les tentatives d'avortement et les crimes d'infanticide.

NOURRICES.

Les nourrices ne sont surveillées que par les parents qui leur confient des enfants; elles sont soigneuses, intelligentes et possèdent un lait aussi riche qu'abondant, aussi leurs nourrissons sont-ils superbes.

L'administration de la rue Ste-Appoline n'envoie point d'élèves dans cette commune.

INSTRUCTION.

Il existe dans la commune de Moulins deux maisons d'école, sises dans le bourg; elles sont saines et convenables sous tous les rapports;

elles sont pourvues de cours pour les récréations, de lieux d'aisances, etc. L'une est destinée aux enfants du sexe masculin; elle reçoit 50 garçons; elle est dirigée par un instituteur très-capable, et l'instruction qu'il donne est réellement bonne; sa classe est bien tenue; sa conduite est irréprochable; les notes qu'il obtient de l'inspecteur sont excellentes.

L'autre maison d'école est dirigée par une sœur de la Providence de Séez; elle est destinée aux jeunes filles; elle en reçoit 60; la maison mère envoie généralement à Moulins pour la diriger un de ses meilleurs sujets, aussi l'éducation et l'instruction que les enfants y reçoivent ne laissent vraiment rien à désirer.

Les parents ne sont pas très-réguliers en tous temps à envoyer leurs enfants à l'école; à certaines époques, les habitants de la partie rurale principalement, les conservent auprès d'eux pour être secondés dans leurs travaux.

Les pauvres envoient leurs enfants à l'école : pour eux l'admission est gratuite.

L'instruction est élémemtaire, morale et religieuse.

On enseigne à lire, à écrire et à calculer.

PRÉJUGÉS.

Les habitants de la partie rurale principalement sont encore superstitieux et crédules ; ils accueillent avec empressement toutes les innovations qui offrent à leur esprit quelque chose de vague et de surnaturel ; ils accueillent de même les remèdes plus ou moins secrets. Quelques-uns croient encore aux *sorts* : ils se servent de formules, de prières ou d'amulettes pour conjurer les maux ou les gens qu'ils redoutent.

Ils plongent les enfants dans les fontaines pour les guérir de certaines éruptions ou du rachitisme ; ils entreprennent des voyages auprès de certains *saints* pour faire disparaître ces éruptions ; ils se font toucher par quelques individus pour se débarrasser, eux ou leurs enfants, du carreau ou des écrouelles. Ils absorbent de grandes quantités de *baraté* (lait de beurre) pour se guérir de la dyssenterie. Dans les cas de chutes et pour les blessures, ils emploient du cidre, des poires ou du vin blanc dans lequel ils ont fait macérer les matières fécales du chat ; enfin ils font usage d'eau bénite pour se débarrasser des fièvres intermittentes rebelles.

Il est facile de comprendre à quel point ces préjugés sont nuisibles; combien de fois, en effet, n'ont-ils pas prolongé les maladies! combien de fois aussi n'en ont-ils pas causé de nouvelles!

Nés de l'ignorance, ces préjugés, maintenant sous l'influence d'une instruction qui se répand de jour en jour dans nos campagnes et grâce aux progrès incessants de la civilisation, tendent à se perdre peu à peu et finiront par disparaître complétement.

MORALITÉ.

La majeure portion de la population de la commune de la partie rurale notamment, offre des vertus réelles, une piété sincère, un attachement naïf aux usages anciens, un amour vrai et profond pour le sol natal, le goût et l'habitude du travail, de l'ordre, de l'économie: en un mot, la moralité est généralement bonne, ainsi que l'esprit public, et la justice a rarement occasion de sévir contre cette partie de la population. L'autre partie est incrédule, railleuse, portée à l'ivrognerie et à la débauche; elle adore la richesse, quelle qu'en soit l'origine, et est plus soumise aux pratiques extérieures du culte qu'à ses préceptes moraux.

S'adonnant aux habitudes de paresse, au braconnage, elle a une disposition générale à la maraude, et du reste n'échappe à aucun excès. La propriété n'est pas toujours respectée. C'est à cette partie qu'il faut attribuer les délits et les crimes qui se commettent quelquefois.

La plupart des habitants ont des habitudes hospitalières ; ils sont actifs, industrieux, assez polis, intelligents, et adroits dans leurs transactions. Le peu d'habitude des affaires dans la partie rurale conserve chez eux la franchise et la loyauté, et une poignée de main fortement donnée après une libation de cidre ou de café vaut tous les marchés sur papier timbré.

ÉPIDÉMIES ANTÉRIEURES.

Constitution médicale régnante.

L'état sanitaire est généralement très-bon dans cette commune, cependant, quelques mois avant l'apparition de l'épidémie qui fait l'objet de ce travail, nous fûmes appelés à constater une épidémie de rougeole qui offrit à notre observation plusieurs particularités très-remarquables.

Cette affection, qui sévit successivement sur 75 individus, enfants et adultes, se manifesta d'abord chez 27 sujets du sexe féminin, avant d'atteindre un individu de l'autre sexe. Ensuite on la vit frapper indifféremment les personnes des deux sexes.

Une autre particularité non moins remarquable, c'est que tous les malades indistinctement offrirent au début de l'affection les symptômes d'un état saburral des premières voies, et ceux chez lesquels un vomitif n'était point administré présentaient une fièvre violente accompagnée de phénomènes cérébraux graves ; l'éruption se développait très-tardivement et fort incomplètement.

Si, au contraire, on donnait un vomitif, soit l'émétique, soit l'ipéca, dans les trois ou quatre premiers jours de l'invasion de la maladie, la scène changeait tout à coup, le calme succédait à l'orage, la fièvre disparaissait, l'éruption se manifestait et suivait toutes ses périodes régulièrement.

La convalescence était prompte et ne se trouvait jamais enrayée chez les individus de cette catégorie; chez les autres, ceux qui n'avaient point été purgés, un ou deux purgatifs devenaient indispensables au rétablissement complet de la santé.

Aucun des malades atteints par cette épidémie n'a succombé.

Pendant le cours de l'année 1855 la constitution médicale a constamment et dans toutes les affections présenté une forme dominante, toujours la même, une forme bilieuse enfin dont le caractère était incontestable non-seulement dans cette commune, mais dans quarante autres où nous sommes appelé tous les jours.

Les encéphalites en effet, les congestions cérébrales, les pleurésies, les affections abdominales résistaient au traitement exclusivement antiphlogistique, et cédaient comme par enchantement à la médication mixte.

Nous devons ajouter que dans notre pratique,

tant urbaine que rurale, nous n'avons jamais eu besoin de recourir aux émissions sanguines pour les fièvres intermittentes, qui sont assez communes; et qu'au contraire nous avons dû revenir deux ou trois fois aux évacuants après l'administration du quinquina; sans cette précaution nos malades étaient atteints de rechutes.

Nous en avons même complétement guéri quelques-uns par la médication évacuante exclusivement.

Nous ferons encore remarquer que, depuis trois années, nous avons vu régner des affections très-diverses, mais que parmi elles, celles du canal alimentaire ont été proportionnellement plus nombreuses que celles des cavités craniennes et thoraciques; que la fièvre typhoïde, dont les cas étaient généralement rares dans notre ville et dans nos campagnes (je veux parler de tout l'arrondissement), a été plus ordinaire pendant cette période et a sévi indistinctement sur des personnes de toute condition.

Si maintenant nous recherchons quelles étaient les conditions atmosphériques qui ont préexisté à l'épidémie de Moulins et aux autres épidémies de fièvres typhoïdes que nous avons observées simultanément pour ainsi dire dans huit communes de l'arrondissement, nous remarquons que depuis trois ans les saisons ont été bouleversées; que pendant cette période les pluies et l'humidité ont prédominé d'une manière sensible; que parfois ces pluies ont été suivies d'une température très élevée. Cette observation est notamment applicable à l'épidémie de Moulins (1). En effet, les eaux pluviales avaient pénétré et presque envahi les rues, les ruelles, les formes à fumier; là, les eaux avaient dissous et décomposé une partie des matières minérales, animales et végétales; enfin une chaleur énergique et soutenue avait déterminé une évaporation, une exhalaison de miasmes propres à engendrer des fièvres de mauvais caractère.

Nous avons la conviction que cet état d'insalubrité que nous avons signalé dans le bourg de Moulins est, réuni aux conditions atmosphériques qui se sont présentées, en cette circonstance, une des causes principales de l'épidémie qui a sévi sur cette localité. Ce qui doit donner une valeur à cette hypothèse, c'est que dans les communes du Thiel, de Longuy, de Mauve, du Pin, de Saint-Denis, de Bellême et de Réveillon, où des épidémies de fièvres typhoïdes se sont présentées pour ainsi

(1) Les variations de température, dit M. Pruss, exercent une grande influence sur le développement et les progrès de la peste épidémique.

dire simultanément, comme nous venons de le signaler, nous avons rencontré les mêmes conditions d'insalubrité. Chose remarquable encore, et qui doit appuyer cette assertion, c'est que l'épidémie dans ces diverses communes a généralement débuté et sévi avec une plus grande intensité autour de ces cloaques impurs, de ces foyers d'infection que l'on rencontre si fréquemment dans les villages et dans les bourgs.

Nous estimons encore que la rareté des denrées alimentaires, ou du moins leur prix élevé, et par ce fait la mauvaise qualité du pain et des boissons consommés par ces pauvres gens, n'est point étrangère à la production de ces épidémies, qu'au moins elle doit être comptée parmi les causes prédisposantes.

HISTOIRE DE L'ÉPIDÉMIE.

A peine étions-nous appelé à visiter les derniers malades de l'épidémie de rougeole dont nous avons parlé, qu'il se manifestait dans la partie rurale de la commune (à Ronquesou), un cas de fièvre typhoïde grave, chez un enfant âgé de quinze ans. Cette affection qui parcourut lentement toutes ses périodes avec des complications que nous mentionnerons plus loin, était à peine à son déclin, que le père et la mère de cet enfant subissaient eux-mêmes les premières atteintes de la même maladie ; des parents, des amis de ces derniers, qui avaient eu des relations fréquentes avec eux, ou qui leur avaient donné des soins, ne tardèrent pas à éprouver les symptômes de la fièvre typhoïde. Cette pyrexie apparut bientôt dans le bourg et frappa madame L., qui était bien portante et dans des conditions d'hygiène et de salubrité très-favorables ; quelques jours après, deux enfants et trois adultes, qui avaient eu des relations avec les premiers malades, furent successivement atteints.

Tant que la température s'est maintenue de 18 à 20 degrés centigrades, avec un vent d'est assez fort pour modifier la chaleur, l'affection régnante, qui n'était encore qu'à l'état endémique, est restée stationnaire et ne frappait qu'un petit nombre d'individus isolément. Mais, comme nous le signalons à l'article *Météorologie*, lorsque les vents d'ouest et sud-ouest sont survenus, et avec eux les orages, les variations de température et principalement la prédominance d'une température humide, dès lors la constitution pathologique s'est trouvée subitement modifiée sous l'empire de cet état atmosphérique, et tout aussitôt, non-seulement la situation des malades alors en traitement s'est sensiblement aggravée, mais encore vingt personnes ont été atteintes en quelque sorte simultanément par la fièvre typhoïde, et nous constations alors une véritable épidémie de cette pyrexie.

A partir de cette époque, le maximum dans la fréquence, dans l'intensité, dans la mortalité même, fut constaté pendant les mois de septembre, octobre, novembre et décembre.

Il est important de noter aussi que pendant cette période, les recrudescences, l'aggravation dans l'état des malades coïncidèrent constamment avec le retour des pluies, avec le dégel, les brouillards, en un mot avec l'humidité atmosphérique ; c'est encore pendant la durée de ces conditions que les cas nouveaux se manifestaient.

Enfin, dans les derniers jours de janvier et les premiers de février, nous n'avions plus guère à constater de complications graves. Chez presque tous au contraire, en février principalement, se manifestaient des phénomènes d'une bénignité remarquable, et le dernier malade entra en convalescence dans la dernière période de ce mois.

Durant le cours de cette épidémie, qui nous a permis d'observer les cas les mieux confirmés de la fièvre typhoïde et les complications les plus graves de cette pyrexie, nous avons rencontré aussi quelques fièvres bilieuses, graves à la vérité, mais qu'il ne faut pas confondre avec les premières; aussi l'ensemble des malades que nous avons eu l'occasion d'observer nous a-t-il paru pouvoir être divisé en deux catégories.

Dans la première, nous comprenons seulement les individus qui éprouvèrent les phénomènes de l'embarras gastrique et de la fièvre bilieuse ; ils sont peu nombreux.

Dans la seconde, nous plaçons ceux qui offrirent des symptômes typhoïdes proprement dits.

Première catégorie.

Les sujets de la première catégorie éprouvèrent des lassitudes partielles et générales, de l'indolence, de l'inaptitude au travail, une faiblesse extrême, des bourdonnements dans les oreilles, des éblouissements, de la pesanteur de tête, de la somnolence, des rêvasseries fatigantes, de l'agitation principalement pendant la nuit, un sentiment de chaleur insupportable, des frissons, des douleurs vives plus ou moins profondes dans la région lombaire, de la céphalalgie quelquefois violente, de la fièvre parfois ardente, quelques épistaxis, des envies de vomir. Chez quelques-uns, vomissements bilieux; chez la plupart, douleurs de ventre; d'ailleurs, bouche pâteuse chez tous, amère chez quelques-uns, appétit nul et répugnance pour toute espèce d'aliments. Langue large et nette chez les uns, chargée d'un enduit saburral, épais chez les autres; chez le plus petit nombre, la langue, chargée seulement à la base, était rouge et sèche à la pointe ainsi que sur les bords. La soif, parfois modérée le jour, devenait ardente le soir et la nuit. Désir de boissons froides et acidulées, tension légère à l'estomac, avec peu ou point de sensibilité, tension et léger gargouillement dans le ventre, surtout dans la fosse iliaque, avec douleur plus ou moins prononcée chez la plupart des malades. Diarrhée chez beaucoup, excrétion de matières liquides ou bilieuses, constipation chez le plus petit nombre.

Les urines, jaunâtres, étaient épaisses, assez rares; la peau, chaude et sèche, offrait parfois, mais rarement, quelque chose d'acrimonieux au toucher; on remarquait autour du nez, chez certains malades, une coloration jaunâtre; le pouls était large, se développait généralement bien et présentait de 80 à 100 pulsations. Quelques malades de cette catégorie, qui comprenait 22 individus, offraient des complications du côté de la poitrine, mais ces complications présentaient peu de gravité.

Traitement adopté pour cette catégorie.

A ma première visite, trois ou six jours après l'invasion de la maladie, je faisais vomir indistinctement tous les sujets, qu'ils eussent ou non des nausées ou des vomissements. Aux enfants, je donnais 12 décigrammes d'ipécacuana; aux adultes, un éméto-cathartique et des boissons acidules.

Si à la suite de cette médication il survenait des évacuations supérieures et inférieures, les douleurs de tête, des voies digestives et des lombes étaient d'autant plus atténuées que les évacuations étaient plus abondantes.

Le deuxième jour, ou je m'en tenais à l'usage de la même boisson, ou je donnais de l'eau d'orge. Ceux qui le troisième jour conservaient des envies de vomir et un sentiment d'amertume dans la bouche prenaient un nouveau vomitif. Parmi les adultes, ceux qui n'avaient que des douleurs dans les régions épigastriques, abdominales et lombaires, des gargouillements, du météorisme avec ou sans diarrhée, prenaient 40 ou 50 grammes de sulfate de soude en trois doses. Aux enfants, on donnait ou 30 grammes d'huile de ricin ou la limonade citrique de Rogé.

Le quatrième jour, repos, fomentations et lavements émollients.

Le cinquième, repos encore pour les malades dont l'état restait stationnaire ou qui croyaient ressentir de l'appétit; nouveau purgatif pour ceux dont les symptômes locaux et généraux présentaient quelques exacerbations, ou lorsque la constipation persistait. Si le sulfate de soude causait trop de répugnance, nous faisions administrer ou 8 décigrammes de calomel en cinq doses, une toutes les deux heures, ou le citrate de magnésie.

Un tiers des malades de ce groupe entrait en convalescence du 10e au 14e jour; les autres, moins heureux, n'arrivaient jamais à cette période de la maladie avant le 18e jour, quoiqu'ils eussent éprouvé des améliorations fréquentes et qu'ils eussent été à sept ou huit reprises soumis aux purgations.

Seconde catégorie.

Les malades de cette catégorie ont d'abord présenté les mêmes symptômes que ceux de la première, mais sous une forme beaucoup plus grave et avec des complications qui ne sont que trop souvent les fidèles compagnes de la fièvre typhoïde.

La face nous a très-souvent présenté, sur les deux joues à la fois, une coloration ou rouge vif ou lie de vin; cette coloration était bornée aux pommettes sous la forme de plaques. Parfois ce phénomène ne se présentait que sur une seule joue.

Les traits offraient de la tristesse, de l'indifférence, de l'hébétude; les malades paraissaient plongés dans une espèce d'ivresse ou d'engourdissement. Quelques-uns avaient dans les narines une matière pulvérulente d'un gris-foncé et sanguinolent. Les yeux étaient larmoyants et contournés : une chassie assez fluide s'en écoulait et affectait toujours l'œil correspondant à la coloration de la pommette. Tous les malades restaient couchés sur le dos dans une prostration profonde ; ils ne pouvaient faire un pas ou se tenir sur leur séant; transportés dans leur lit, ils tombaient comme des masses et restaient inertes. La langue qui, dans la première période de la maladie, était couverte d'un enduit jaunâtre encore un peu humide, ne tardait pas à se dessécher, et cet enduit devenu verdâtre, brunâtre, noirâtre et même noir, finissait par se fendiller profondément; dans toutes ces transformations, la pointe de la langue paraissait, pour ainsi dire, rôtie ; chez presque tous les malades, les bords étaient d'un rouge vif. La langue était comme collée au voile du palais par son propre enduit fuligineux et aussi par un autre de même nature qui tapissait les joues, les gencives et les dents. Ces mucosités collantes encombraient même l'isthme du gosier, au point qu'il devenait souvent nécessaire de les enlever à l'aide d'un pinceau de charpie enduit d'une substance détersive; à défaut de cette précaution, il y avait danger d'une suffocation d'autant plus grave, d'autant plus imminente que ces mucosités de la bouche se combinaient souvent avec celles qui provenaient d'un catarrhe bronchique et dont les malades ne pouvaient se débarrasser. La parole et la déglutition étaient pour ainsi dire impossibles. Aux efforts infructueux du malade pour faire sortir la langue de sa bouche, on eût dit qu'un ressort puissant et caché la tirait en sens contraire; ou bien, si le malheureux parvenait à la faire sortir, elle restait comme oubliée sur les lèvres. Haleine fétide, soif ardente, boissons froides et acidules avalées avec une avidité remarquable.

Nous avons rencontré sur la peau une augmentation de chaleur et une sécheresse beaucoup plus prononcée que chez les malades de la première catégorie. La peau devenait même toujours acrimonieuse; elle était couverte d'une sueur froide et visqueuse, plus souvent partielle que générale, plutôt sur la face que sur les autres parties du corps. Elle devenait encore le siége, sur les bras et sur les mains principalement, d'une desquamation furfuracée. Les mains étaient sales, terreuses, stridées et semblaient avoir été desséchées. La moitié des malades de cette catégorie ont offert des épistaxis qui n'étaient pas toujours arrêtées après la perte parfois répétée de 60 à 180 grammes de sang. On observait des sudamina, des taches lenticulaires rosées et des pétéchies, non-seulement sur la poitrine et sur le cou, mais même sur les membres thoraciques et abdominaux ; quelques malades présentaient des ecchymoses ou des vibices. Plusieurs de ces malades étaient affectés de vomissements de matières plus ou moins foncées en couleur et de déjections alvines souvent involontaires, plus brunes et plus foncées que celles des malades de la première catégorie; ces déjections étaient accompagnées d'une odeur putride repoussante. C'est à cette période que se développait autour du typhoïde cette odeur de nids de souris si remarquable, qu'elle n'échappait même pas aux personnes qui faisaient les fonctions de gardes. La constipation, rare du reste, était toujours accompagnée de symptômes locaux et généraux d'une gravité alarmante. Chez les mêmes malades se faisaient sentir à l'épigastre, dans la fosse iliaque droite et parfois autour de l'ombilic, des douleurs très-vives; la pression exercée sur ces régions était difficilement supportée par quelques malades et développait chez tous le phénomène du gargouillement.

Les urines étaient souvent retenues ou rejetées par regorgement; d'autres fois elles étaient rendues involontairement. Leur couleur foncée, sale, exhalait une odeur repoussante.

Le pouls était large, précipité rarement, dur et résistant, même au début de la maladie. Lorsqu'on l'étudiait dans les cas de complications, il devenait ou plus élevé ou plus petit et serré, mais toujours plus fréquent. Il s'élevait jusqu'à 120 et 130 pulsations. Il était parfois intermittent et paraissait varier deux ou trois fois le jour à cause des alternatives de rémission et de redoublement.

La céphalalgie, qui était violente au début et souvent bornée au front, devenait après générale et obtuse. Les malades ne dormaient point; ils paraissaient s'assoupir, et étaient en proie à d'incessantes hallucinations. Quelques-uns avaient un délire taciturne, d'autres un délire furieux. Ceux-ci ou s'échappaient de leur lit, ou luttaient de toutes leurs forces contre ceux qui les y retenaient; quand le calme reparaissait, incohérence dans les idées, lenteur et difficulté dans les réponses, anéantissement de la mémoire, impossibilité de reconnaître même les personnes qui leur donnaient des soins.

Puis apparaissait un nouveau cortége de phénomènes non moins effrayants, tels que les mouvements spasmodiques, les tremblements des mains, les soubresauts des tendons, la carphologie, une prostration complète, en un mot un état adynamique et ataxique le plus prononcé et le mieux caractérisé. Chez ceux qui succombèrent à la maladie, l'altération des traits fut plus prononcée, la bouche complètement sèche et embarrassée par un mucus collant, grisâtre et sanglant, d'une odeur repoussante. La respiration avant de se suspendre complètement, fut stertoreuse chez tous, le pouls filiforme et presque insaisissable. La peau se couvrit d'une sueur froide et visqueuse; les yeux se cavèrent, devinrent ternes et pour ainsi dire vitrés. Les traits devinrent immobiles ; la respiration subsistait quelque temps seule, uniquement en quelque sorte pour témoigner de la vie.

Quand, au contraire, la tendance inverse, je veux dire la rémission, se manifestait, le phénomène était pour ainsi dire insensible : car l'amélioration n'avait jamais lieu que symptôme à symptôme.

Dans cette période, le symptôme extérieur d'une modification favorable était le plus souvent l'épanouissement des traits de la face, qui paraissait constamment correspondre avec une amélioration du côté des organes de la digestion ; ainsi la bouche et la langue se couvraient d'une légère humidité ; le ventre, moins météorisé, ne laissait plus développer sous la pression de la main que des borborygmes si rares et si discrets qu'il était difficile de les entendre. Les selles étaient moins noires ou moins jaunes, et toujours moins fétides ; le malade les rendait encore involontairement, mais néanmoins l'amélioration était notable et le malade reprenait de jour en jour et la connaissance des circonstances environnantes, et même toutes ses facultés intellectuelles. Ce double retour à la vie se dessinait graduellement de telle sorte qu'on pouvait sans difficulté suivre les progrès de la guérison.

Certains accidents se réveillaient-ils pendant la convalescence ? c'était en général dans les organes digestifs qu'il fallait en chercher la cause et le point de départ : souvent, en effet, même sans que le malade commît d'imprudence dans son régime alimentaire, le pouls reprenait sa fréquence, la peau sa sécheresse : la digestion, d'abord laborieuse, se suspendait complètement, ou bien encore l'appétit, d'abord très-prononcé, était tout à coup remplacé par une inappétence complète, par des douleurs vagues dans la région ombilicale principalement, par une constipation opiniâtre; enfin il survenait un état saburral très-caractérisé, qui, s'il n'était combattu, ramenait en peu de jours des désordres considérables, et qui au contraire cédait comme par enchantement à un ou deux laxatifs. En ce cas, tout rentrait dans un ordre parfait, et la convalescence suivait un cours régulier. Dans ces circonstances la faiblesse des malades ne nous a jamais fait reculer devant l'administration d'un léger purgatif ; en général, nous donnions à l'huile de ricin la préférence sur l'eau de sedlitz ou la limonade Rogé.

COMPLICATIONS.

Dyphthérite.

Sur quinze cas de dyphthérite, d'angine pseudo-membraneuse, six cas légers sont survenus dans la seconde période de la maladie et ont été observés chez un enfant de dix ans, chez deux femmes et chez trois hommes (deux malades ont offert cette complication à la suite de l'usage d'un looch émétisé).

Pour le traitement : Cautérisation matin et soir avec un pinceau de blaireau trempé dans un mélange d'une partie d'acide chlorhydrique et de six parties de sirop de mûres.

Gargarisme : Eau simple, miel rosat et borax à la dose de 45 centigrammes pour 300 grammes de véhicule.

Moyenne du traitement : six jours. Insufflation d'alun.

Sept cas très-graves dans lesquels toute la muqueuse buccale, face interne des joues et gencives, est envahie par de fausses membranes fortement adhérentes sur les amygdales et sur le voile du palais principalement.

Six femmes et un homme : Quatre de ces sujets avaient perdu beaucoup de sang par les selles. Odeur fétide de la bouche.

Traitement : Parties égales de sirop de mûres et d'acide muriatique. Gargarisme avec décoction de quinquina et sirop de mûres ; borax, 60 centigrammes ; puis, eau chlorurée. Moyenne du traitement : huit jours.

Deux cas d'angine laryngo-trachéale pseudo-membraneuse survenus chez deux adultes dans la seconde période au milieu d'un catarrhe bronchique. Même état de la muqueuse buccale que chez les sept malades précédents. Même traitement local et vomitifs réitérés. Un de ces malades chez lequel deux vomitifs ont provoqué l'expulsion de membranes rudimentaires a été sauvé ; chez l'autre cinq vomitifs n'ont amené que quelques membranes épaisses et comme lardacées : il a succombé à une véritable asphyxie ; chez ce dernier, la bronchite, avant l'apparition des fausses membranes, était capillaire dans le poumon droit.

Comme nous avons rencontré cette complication très-fréquemment, nous avons eu soin d'examiner tous les jours la gorge de nos malades, et dès que nous apercevions une teinte blanchâtre sur la muqueuse pharyngienne nous agissions promptement avec le collutoire d'acide chlorhydrique. C'est sans doute à cette précaution et à l'énergie de la médication que nous devons les résultats obtenus.

Nous avons traité il y a cinq ans, tant en ville qu'en campagne, pendant huit mois environ, plus de 80 malades de tous les âges atteints d'angine pseudo-membraneuse, sans émissions sanguines: nous avons toujours employé les vomitifs plus ou moins répétés et l'acide chlorydrique plus ou moins étendu, quelquefois même nous l'avons employé *pur*, et nous avons obtenu des effets vraiment merveilleux de ces agents; c'est-à-dire que nous n'avons pas perdu un dixième de nos malades dans une épidémie qui passait pour très-meurtrière. En effet, par les autres méthodes, les antiphlogistiques et la cautérisation au nitrate d'argent, on perdait un cinquième.

L'âge et le sexe, la faiblesse de la constitution et du tempérament n'étaient point pour nous une contre-indication à l'usage de l'acide chlorhydrique qui seul est apte à pénétrer les fausses membranes épaisses, et à modifier l'état de la muqueuse lorsqu'on est parvenu à les détacher : tous les jours nous obtenons ces résultats dans notre pratique.

APHTHES.

Nous avons rencontré cette complication chez cinq de nos malades, nous croyons devoir l'attribuer à l'emploi du calomel ; chez un enfant âgé de 8 ans, elle fut caractérisée par la présence de huit ou dix petites ulcérations qui se manifestèrent sur la langue, les joues et les lèvres. Ces aphthes furent accompagnés d'une légère salivation. Les quatre autres malades qui en furent atteints offrirent principalement la forme dite muqueuse de la fièvre typhoïde. Ils firent usage de calomel. Un seul de ces malades subit cette inflammation d'une manière discrète; les trois autres, au contraire, souffrirent horriblement en raison du nombre et de la grandeur de ces aphthes; mais la salivation ne fut pas très-abondante.

Nous avons opposé à ces complications la cautérisation avec la pierre infernale, répétée deux ou trois fois à trois jours d'intervalle, et l'emploi d'un gargarisme alumineux.

Aucun de ces malades n'a succombé.

CATARRHE BRONCHIQUE.

La plus commune des complications que nous ayons rencontrées dans la première et dans la seconde période de la maladie est l'affection catarrhale bronchique, cet élément familier de la fièvre typhoïde. Nous l'avons observée sur trente et un de nos malades. Cette complication s'est montrée d'une manière assez bénigne sur la moitié des sujets qui en ont été atteints ; sur l'autre moitié, au contraire, elle était profonde et atteignait les dernières ramifications bronchiques. Les mucosités étaient abondantes, et le malade éprouvait une grande difficulté à les rejeter.

Pour les malades de la première moitié nous n'avons employé que les boissons pectorales, les loochs simples, etc.

Pour ceux de la seconde, nous avons dû recourir à des moyens thérapeutiques plus énergiques, tels que les loochs kermétisés, à la dose de 20 à 40 centig., l'oxymel scillitique et le sirop d'ipécacuanha.

Nous avons même été plusieurs fois dans la nécessité de provoquer des vomissements à l'aide de la poudre d'ipéca, et nous avons remarqué que lorsque les malades étaient assez heureux pour obtenir des vomissements, la toux et l'oppression étaient modifiées d'une manière très-favorable.

L'emploi de ces moyens était secondé par des agents révulsifs spécialement appliqués sur les régions de la poitrine, où la matité était la plus prononcée, où la respiration était insensible; là enfin où nous rencontrions les signes de l'engouement pulmonaire. Nous n'hésitions pas alors à couvrir la poitrine d'huile de croton, à appliquer soit des emplâtres de poix de Bourgogne stibiés, soit des vésicatoires.

PNEUMONIE ET PLEURÉSIE.

Nous avons observé onze cas de pneumonie simple : neuf adultes et deux vieillards ont présenté cette complication. Cette affection s'est montrée chez dix malades au début de la fièvre typhoïde; chez un seul (le vieillard) au commencement de la seconde période.

Chez trois de ces sujets la plèvre costale et le parenchyme pulmonaire ont été simultanément atteints d'inflammation. Pour ces derniers, lorsqu'ils offraient un point de côté très-violent et des crachats sanglants, nous avons appliqué une fois seulement, 12 sangsues à l'un et 15 aux deux autres. On laissait le sang couler pendant trois à cinq heures au plus. Nous avons administré ensuite un vomitif qui faisait ordinairement justice du point de côté si les sangsues ne l'avaient pas fait disparaître. La prescription se composait encore des mêmes boissons que pour le catarrhe bronchique, et en outre d'un looch émétisé à 15 et 20 centigrammes sans préparation opiacée. Un traitement semblable était adopté pour les malades qui n'ont point subi d'émissions sanguines.

Soit que la tolérance s'établît, ce qui était le cas le plus rare, soit que les déjections alvines fussent abondantes, la résolution s'opérait ordinairement du 3e au 5e jour; elle était d'autant plus complète que les selles étaient plus copieuses. Deux pleurétiques ont eu besoin, pour guérir, de l'application d'un vésicatoire volant.

Ces complications ne nous ont point paru avoir

une influence marquée sur la durée de la fièvre typhoïde

Un seul cas de pneumonie double ou greffée sur un catarrhe bronchique, chez un adulte qui avait réclamé trop tardivement les secours de la médecine, s'est terminé par la mort le 19e jour de l'invasion de la maladie.

Lorsque nous avons visité ce malade pour la première fois, l'oppression était portée au suprême degré, l'asphyxie était imminente ; les vomitifs, les révulsifs ne firent que retarder la fin de ce malheureux, qu'un traitement commencé plus tôt eût très-probablement sauvé.

HÉMORRAGIES.

Dans le cours de cette épidémie, les hémorragies se montrèrent sous différentes formes et dans les diverses périodes de la fièvre dont nous nous occupons ; nous les observâmes sous la forme d'hémorragies intestinales ; elles furent particulièrement nombreuses ; sous la forme d'épistaxis, d'hémoptysie, d'hématurie, enfin d'hémorragie traumatique à la suite des piqûres de sangsues. Aucune de ces pertes de sang ne parut avoir une influence favorable sur le cours de la maladie; au contraire, lorsque l'hémorragie était abondante, elle ne manquait pas d'aggraver l'état typhoïde et de provoquer l'adynamie et l'ataxie. Cependant, chez deux malades adultes affectés d'une céphalalgie intense, de battements violents dans la tête, de bruits de cloches dans les oreilles, de photophobie, une hémorragie nasale modérée fit disparaître en partie ces symptômes qui cédèrent complétement ensuite au traitement évacuant.

Nous avons remarqué dans des circonstances analogues que la modification salutaire qui survenait parfois à la suite de ces hémorragies, n'était le plus souvent que passagère ou fugitive, et que les symptômes morbides se reproduisaient promptement si l'on n'avait le soin de provoquer des évacuations par les deux voies.

Nous avons observé un cas d'hémoptysie chez un jeune homme affecté de tubercules avec expectoration déjà abondante et un amaigrissement prononcé. Cette hémorragie survenue le 15e jour étant très-considérable, nous avons dû, après avoir échoué avec l'emploi des révulsifs cutanés, la ligature des jambes, les astringents et la glace même, recourir à une saignée du bras. Le sujet, à la suite de cette perte de sang, a été précipité dans l'adynamie et l'ataxie les plus complètes, qui ont amené la mort le 27e jour de la maladie.

Parmi les malades qui n'ont offert au début que les symptômes de la fièvre bilieuse simple, je citerai une femme âgée de 32 ans qui abusait ordinairement des boissons alcooliques : elle fut prise tout à coup d'une hématurie abondante qui a résisté pendant cinq jours aux boissons astringentes et glacées, aux quarts de lavement froid et fréquemment répétés; elle présenta immédiatement des symptômes typhoïdes graves et n'arriva à la convalescence que le 38e jour après l'invasion de la pyrexie.

Deux femmes d'un tempérament nervoso-sanguin, d'une constitution peu robuste, âgées l'une de vingt ans, l'autre de vingt-neuf, furent atteintes, au début de l'affection typhoïde, d'une suppression menstruelle à la suite de laquelle il se manifesta des symptômes graves de congestion et d'irritation du côté de la tête et vers l'appareil respiratoire. Dix sangsues furent appliquées à la partie supérieure et interne des cuisses; le sang, que ne parvinrent point à arrêter les personnes qui donnaient des soins à ces malades, coula des piqûres de sangsues pendant plus de vingt heures ; cet accident amena un état adynamique et ataxique effrayant et causa la mort de la plus âgée et de la plus *pauvre* de ces deux malades.

C'est à dessein que nous disons la plus pauvre, parce qu'avant d'être malade, la constitution était déjà détériorée par la misère et les privations, et parce que les soins dont elle fut entourée furent moins assidus et moins éclairés.

L'hémorragie intestinale que nous observâmes sur onze malades ne se montra que dans la seconde période de la maladie : chez deux sujets seulement elle apparut au moment où la guérison paraissait assurée; elle céda promptement au traitement astringent, à la diète la plus sévère, et ne retarda que de quelques jours les progrès de la convalescence. Chez sept autres elle se montra plus abondante, plus rebelle à notre médication ; cependant elle finit par céder et n'eut d'autre résultat que de prolonger la maladie sous ses formes les plus alarmantes, mais elle n'empêcha pas la guérison. Chez deux autres petites malades âgées de 15 et 17 ans, bien réglées, nous observâmes simultanément, avec une hémorragie intestinale abondante un épistaxis vraiment effrayant; en effet, le sang s'écoulait *continuellement* des fosses nasales et de la bouche comme d'une fontaine, aussi il n'offrit plus bientôt que l'aspect d'une sérosité sanguinolente qui colorait à peine les linges sur lesquels il se répandait. Le ratanhia, le sulfate d'alumine, administrés par les voies supérieures et inférieures, l'eau de Rabel, restèrent sans résultat; le tamponnement fut tenté; l'agitation des malades, la suffocation qu'il provoquait le rendirent impraticable; enfin à l'aide de la glace appliquée à l'extérieur et administrée à l'intérieur, nous parvînmes à nous rendre maître de ces hémorragies au moment où la peau se trouva couverte sur toute la surface du corps d'un nombre considérable de taches ecchymotiques dont le diamètre variait depuis celui d'une lentille jusqu'à celui d'une pièce de un franc.

Une de ces malades succomba dans la convalescence par suite d'un écart de régime.

Les malades, pendant et après ces pertes, étaient pris de syncopes lorsqu'on leur faisait subir le plus léger mouvement; la peau, devenue pâle et luisante chez ceux qui avaient perdu le plus de sang, ressemblait à celle des individus atteints d'anasarque; les sclérotiques avaient pris une teinte d'un blanc bleuâtre, les yeux avaient quelque chose de terne et d'inanimé; à la suite de ces complications nous avons rencontré de ces convalescences interminables qui duraient près de trois mois.

Peu de temps après avoir arrêté l'effusion sanguine, cinq à six jours passés, nous revenions au traitement évacuant, c'est-à-dire que nous administrions encore un ou deux laxatifs légers jusqu'à ce qu'il nous fût permis de passer sans inconvénient à l'emploi des toniques.

Sur les onze cas d'hémorragies intestinales, deux seulement sont survenues à la suite de l'emploi d'un laxatif, l'eau de sedlitz et l'huile de ricin; mais nous avons la conviction que ces agents thérapeutiques ont été étrangers à ces accidents, car les autres hémorragies sont survenues, ou sans qu'ils aient été administrés, ou deux ou trois jours après.

Le sang qui était rendu par les selles était généralement noir et putride, parfois sous la forme liquide, d'autres fois sous la forme de caillots; cette effusion, le plus souvent, avait lieu sans coliques; quand l'hémorragie se manifestait au traitement évacuant je substituais aussitôt les préparations astringentes, l'eau de Rabel et l'extrait de ratanhia administrés en potion et en lavement, le sulfate d'alumine, la glace enfin à quelques malades qui paraissaient la prendre avec une grande satisfaction et chez lesquels elle paraissait réussir quelque peu. Ce traitement était continué d'autant plus longtemps que la faiblesse de l'économie nous paraissait plus prononcée et qu'il existait des signes plus manifestes de la décomposition du sang ; ce n'est qu'à force de persévérance dans l'emploi de ces agents thérapeutiques que nous arrivions à un résultat favorable.

Dans deux cas, l'épistaxis, qui résistait aux préparations astringentes administrées de toutes les manières, a été arrêtée par l'emploi d'un vomitif (ipéca et tartre stibié) ,qui détermina des déjections bilieuses.

PAROTIDES.

Nous avons eu l'occasion d'observer des tumeurs parotidiennes chez trois adultes, un homme et deux femmes; l'inflammation s'est manifestée dans ces trois cas sur une seule glande et au commencement de la seconde période de la pyrexie, sur la marche de laquelle elle ne paraît point avoir eu d'influence salutaire.

Chez les deux femmes, la tuméfaction des parotides et du tissu cellulaire environnant était modérée; l'inflammation s'est terminée par résolution et n'a point entravé la marche de l'affection typhoïde ni fait modifier notre traitement. Chez l'homme, d'une constitution robuste, d'un tempérament sanguin, la tuméfaction de la glande était considérablement étendue, elle paraissait comprimer les vaisseaux et congestionner la face; les douleurs étaient vives, lancinantes comme dans les abcès ; les mouvements de la mâchoire étaient gênés, la déglutition difficile; la suppuration ne tarda pas à s'annoncer : elle fut abondante après l'ouverture de l'abcès que je pratiquai de bonne heure, et persista pendant quinze jours sans épuiser les forces de mon malade qui était vierge de toute émission sanguine; enfin elle se termina sans qu'il y eût une grande perte de tissu cellulaire; la convalescence s'établit d'une manière franche et ne fut interrompue par aucun phénomène fâcheux.

Dans les deux premiers cas de parotidite, je me bornai aux applications émollientes : je dois ajouter que dans cette circonstance l'inflammation me paraissant purement et simplement symptômatique d'une légère stomatite mercurielle causée par le calomel, je crus devoir tenter la résolution; dans l'autre cas au contraire, chez le malade où l'engorgement me paraissait faire partie des symptômes de la maladie, et participer même du principe de cette pyrexie, je pensai que son salut dépendait de la suppuration de cette glande : aussi tous mes efforts furent-ils combinés pour obtenir ce résultat. Dans ce but, je fis appliquer des cataplasmes maturatifs, des topiques excitants sur la glande tuméfiée, et lorsque la suppuration fut établie j'apportai tous mes soins à l'entretien de cette suppuration jusqu'à ce que la tumeur eût disparu.

OTITES-OTORRHÉES.

Ce fut constamment dans la seconde période de la fièvre typhoïde, et généralement dans les cas les plus graves, que nous avons observé l'inflammation du conduit auditif. Vingt sujets nous ont offert cette complication. Chez douze d'entre eux, les deux oreilles ont été affectées simultanément; l'inflammation s'est terminée par résolution chez les trois quarts de ces malades; chez les autres, par suppuration. Pour les huit derniers malades, nous avons constaté quatre cas d'otorrhée; généralement l'otorrhée s'est manifestée dans la dernière période de la pyrexie.

Nous avons observé chez les personnes qui nous ont présenté cette complication, qu'il existait des douleurs plus ou moins aiguës dans l'oreille affectée, en outre des bourdonnements et une surdité plus ou moins complète : ces symptômes ont généralement précédé la terminaison par suppuration; d'autres fois le phénomène d'otorrhée s'est offert tout à coup à notre observation dans la période adynamique et ataxique, sans que nous en soyons averti autrement que par une surdité plus ou moins complète.

Quelle que soit la manière dont cette complication s'est terminée, le malade n'a point conservé de surdité.

A cette complication nous n'avons opposé que des injections émollientes et narcotiques dans le conduit auditif, pour les cas où les douleurs étaient violentes et continuelles, et nous avons respecté l'écoulement otorrhéen jusqu'à ce que la convalescence fût complète.

RÉTENTION D'URINE.

Bien que la rétention d'urine soit considérée comme une des complications les plus constantes de la fièvre typhoïde, nous n'avons eu, dans le cours de cette épidémie, l'occasion de l'observer que cinq fois. Nous devons ajouter que nous ne reconnaissons cette complication que dans le cas où le malade ne peut uriner sans le secours de la sonde, là enfin où il existe une espèce de paralysie de la vessie.

Cette rétention a résisté pendant dix jours chez un malade âgé de 59 ans : les boissons nitrées, les cataplasmes chauds appliqués sur la région hypogastrique restèrent sans résultat; le cathétérisme dut être pratiqué tous les jours jusqu'à ce que les perturbations intellectuelles profondes qui se manifestèrent dans la période ataxo-adynamique et les troubles fonctionnels eussent cédé au traitement que nous dirigions contre l'affection typhoïde.

Quatre sujets du sexe féminin furent également atteints de cette complication, qui résista moins longtemps chez trois d'entre elles au traitement que nous lui appliquâmes; quant à la quatrième, elle succomba par suite de la grande misère dans laquelle elle pourrissait, pour ainsi dire, et par l'absence des soins les plus indispensables aux malades.

Nous avons remarqué, sur un quart des individus qui ont payé leur tribut à l'affection régnante, l'émission involontaire des urines; ces mêmes sujets laissaient échapper dans leur lit, sans en avoir la conscience, les matières fécales; quelques-uns cependant en avertissaient leurs gardes par des signes particuliers : s'ils ne savaient retenir l'urine et les fèces, ils s'apercevaient au moins de leur présence dans le lit.

ENTOZOAIRES:

Six individus ont rendu des entozoaires par les voies supérieures et inférieures : leur présence dans l'estomac était annoncée par un sentiment de malaise général, des nausées, des picotements continuels et douloureux que le malade ressentait le long de l'œsophage et à la gorge.

Nous n'avons point remarqué que cette complication eût une influence ou fâcheuse ou favorable sur la marche de l'affection typhoïde, soit que les vers fussent rendus, soit qu'ils fussent conservés; cependant il faut reconnaître que le malade obtenait momentanément un soulagement prononcé lorsqu'il avait rendu une quantité plus ou moins considérable de ces lombrics. Parmi les individus qui furent atteints de cette complication aucun n'a succombé.

ESCHARRES.

Nous avons principalement rencontré les escharres gangreneuses chez les individus qui étaient parvenus à la période adynamique et ataxique de la pyrexie typhoïde, qui présentaient des pétéchies, des vibices, des ecchymoses, et qui avaient été affaiblis par de grandes pertes de sang; nous avons observé ces accidents sur huit ou dix malades, mais nous n'en signalerons que cinq, parce que chez ceux-là les escharres méritèrent réellement, au point de vue du nombre et de la profondeur, de figurer parmi les complications de tous genres que nous avons rencontrées dans le cours de cette épidémie.

Les époux Avenel et leur mère éprouvèrent des hémorragies pendant la première période de leur maladie; ils manquaient des choses les plus essentielles aux malades, le linge et les soins hospitaliers ; plus tard, ils eurent le malheur d'avoir des gardes infidèles, inintelligentes et barbares, au moment où ils tombèrent dans l'adynamie et l'ataxie les plus prononcées. En effet, ces individus, que l'administration avait placés auprès d'eux, profitèrent de leur défaut de connaissance pour absorber le vin, le sucre et le bouillon que la charité leur envoyait, et les laissèrent plongés jusqu'au cou dans l'urine et les déjections alvines.

La privation de substances toniques et nutritives dans un moment où l'état de ces malheureux les réclamait impérieusement, le défaut de soins et de propreté au milieu de ces complications dont la terminaison est si souvent funeste, ne tardèrent pas à aggraver leur état, et les escharres se montrèrent successivement sur le sacrum, sur les trochanters, sur les coudes, sur les talons et même sur les parties saillantes des omoplates; les gardes buvaient même le vin de quinquina qui devait servir aux pansements.

Les époux Avenel succombèrent; leur mère plus heureuse, parce qu'on mit auprès d'elle des gardes honnêtes, lorsqu'on s'aperçut de l'infidélité des premières, parvint à guérison après une convalescence fort longue.

Cette complication présenta bien quelque gravité chez les deux autres individus sur lesquels nous la constatâmes, mais des soins hygiéniques bien dirigés en firent justice, et les malades guérirent.

PHÉNOMÈNES OBSERVÉS DANS LE COURS DE CETTE ÉPIDÉMIE.

Les taches lenticulaires rosées se sont développées sur un grand nombre de malades : elles coïncidaient généralement, mais non constamment, avec des symptômes graves; plutôt discrètes que confluentes, plus souvent sur le tronc que sur les membres; beaucoup d'individus nous ont offert sur la poitrine et sur le cou une éruption de sudamina; sur plusieurs cette éruption était confluente, à ce point qu'elle a couvert toute la surface du corps pendant plusieurs jours; son développement coïncidait généralement avec des sueurs plus ou moins abondantes : ce dernier phénomène nous a toujours paru d'un augure favorable.

Les hémorragies sous-épidermides se montrèrent chez les deux tiers des malades, le plus souvent sous forme de pétéchies, rarement sous l'apparence d'ecchymoses, de vibices, de coups de fouet.

Nous constatâmes encore sur trois individus dont l'affection typhoïde présenta beaucoup de gravité, une particularité remarquable dans l'état du pouls : nous le trouvâmes, sous le rapport de la fréquence, beaucoup au-dessous de son type normal, type qu'il reprit aussitôt qu'une rémission se manifesta dans les symptômes graves.

Tels sont, avec les symptômes décrits dans les observations et en tête des deux catégories, les phénomènes remarquables que nous avons rencontrés dans cette épidémie qui, malgré la gravité des symptômes propres à l'affection typhoïde, l'aspect formidable et menaçant de ses complications, n'a laissé après elle qu'un petit nombre de victimes, car dix individus seulement ont succombé, et encore sur le nombre on pourrait retrancher les deux Avenel, dont la mort doit être attribuée à l'absence complète de soins et à la privation de substances médicamenteuses et nutritives, puis un nommé Charpentier qui, grâce à l'incurie de ses parents, n'a pu se procurer les agents propres à arrêter une hémorragie intestinale ; enfin un phthisique dont les tubercules étaient parvenus, au moment de l'invasion de la maladie, à l'état de fonte purulente.

Un trait remarquable dans cette épidémie, c'est un caractère de rémission périodique, si je puis m'exprimer ainsi, une espèce d'intermittence dans les paroxysmes : les premiers mois surtout, durant la seconde période de la pyrexie typhoïde, ce phénomène s'est manifesté chez un tiers des malades environ, et dans plusieurs cas, deux et même trois fois chez le même individu.

Ces paroxysmes ont fréquemment revêtu la forme pernicieuse dès le premier accès ; au second accès ont toujours apparu les symptômes les mieux caractérisés d'une fièvre pernicieuse ; aussi avons-nous la conviction que si le sulfate de quinine n'eût point été administré, le troisième accès eût emporté le malade : un gramme de cet *alcaloïde* donné en trois doses à une heure d'intervalle faisait ordinairement justice de ces paroxysmes, et l'affection typhoïde suivait son cours ordinaire avec ou sans les complications que nous avons signalées.

Quelques individus, après l'administration de ce fébrifuge, ont été de nouveau atteints par les paroxysmes et ils en ont été délivrés de la même manière.

Le sulfate de quinine, chez aucun des malades auxquels nous l'avons administré, ne nous a paru avoir d'influence fâcheuse sur l'encéphale, ni sur les organes de la digestion.

La pyrexie typhoïde nous a, au contraire, paru modifiée d'une manière favorable chez quelques sujets, à la suite de l'emploi de cet agent.

TRAITEMENT.

Commençons par faire une remarque qui, selon nous, doit avoir au point de vue pratique la plus grande importance ; c'est que tous les individus qui figurent dans la première catégorie ont réclamé nos soins à l'apparition des prodrômes de la maladie ; qu'ils ont été purgés aussitôt et même superpurgés ; que plusieurs de ceux que nous avons rencontrés dans la seconde n'ont réclamé ces mêmes soins qu'après le développement complet des symptômes graves de la fièvre bilieuse.

Le caractère principal qui frappait tout d'abord les yeux de l'observateur était un état saburral des premières voies accompagné de réaction fébrile : aussi chez un tiers des malades de la première catégorie m'a-t-il suffi d'administrer un éméto-cathartique et deux ou trois purgatifs pour vaincre en dix jours cet état morbide dont il est inutile de rappeler une seconde fois les phénomènes. Chez les autres malades, les symptômes furent infiniment plus graves et résistèrent davantage à notre thérapeutique.

C'est après avoir longtemps examiné et souvent discuté des faits déjà recueillis, c'est après les avoir comparés avec ceux dont j'avais été témoin pendant mes études et dans le cours de ma pratique, c'est enfin après avoir de nouveau consulté *l'infaillible oracle de l'expérience* et de *l'observation* que je suis arrivé à cette conviction profonde, inébranlable, qui donne la puissance dans l'action.

Placé à la tête d'un hôpital assez considérable dans lequel les affections typhoïdes se présentent très-souvent, honoré d'une clientèle nombreuse, dans laquelle les cas de cette nature ont été *extraordinairement* fréquents depuis quelques années, témoin de plusieurs épidémies qui m'en ont offert des séries importantes, je me suis trouvé en position de recueillir une masse de faits assez imposante pour qu'il me soit permis d'en déduire des conséquences physiologiques et pratiques dont je vais essayer de faire ressortir la vérité.

Chez tous les typhoïdes malades que j'ai observés jusqu'à ce jour, chez ceux qui ont été soumis à mes soins et que je classe ici dans la première catégorie, je n'ai jamais rencontré un signe qui décelât l'existence d'une gastro-entérite primitive; bien plus, ce n'est que dans une période avancée de cette affection qu'il m'a été permis de constater quelquefois l'existence de cette maladie. Dès lors j'ai été conduit à adopter l'idée que l'état pyrétique est l'effet de l'action que les saburres exercent sur les organes digestifs dont le trouble est, en pareil cas, incontestable. Je me suis convaincu de l'exactitude de cette pensée par les résultats obtenus au moyen des médicaments évacuants. Ceux-ci étant d'ailleurs aussi utiles dans l'état secondaire de la maladie que dans l'état primitif, j'en ai déduit la conséquence que ces deux états sont dépendants de la même cause.

Combien de fois, en effet, n'ai-je pas constaté que les émeto cathartiques, loin de déterminer l'apparition de la douleur épigastrique, la faisaient au contraire disparaître, tandis qu'avec des sangsues on n'avait pu obtenir le même résultat. En général, les vomitifs ont constamment modifié de la manière la plus favorable, non-seulement les symptômes locaux épigastriques ou abdominaux, mais encore les symptômes généraux qui, sous l'influence d'une perte de sang, avaient revêtu un caractère alarmant et acquis une tendance à l'adynamie.

Nous avons enfin la conviction que la présence dans les intestins de ces matières liquides, infectes, jaunâtres ou verdâtres, qui sont rendues par les selles ou retrouvées à l'autopsie des cadavres, est le principe de la fièvre bilieuse adynamique; que c'est là où ces matières sont accumulées que se forment l'inflammation et les ulcérations des plaques et des follicules.

De l'aveu même de presque tous les auteurs, ces matières sont absorbées lorsqu'on les laisse séjourner dans l'intestin, et bientôt, en se répandant dans le système circulatoire, elles vont, tout imprégnées d'un principe toxique, porter l'infection dans tous les organes; elles déterminent ainsi des symptômes d'ataxie en agissant comme un poison qui aurait été directement introduit dans les veines.

C'est alors que cette infection amène une véritable altération du sang, altération qui, comme l'inflammation intestinale, n'est que consécutive, mais qu'on apprécie très-nettement par les analyses chimiques, lors des hémorragies cutanées, nasales et intestinales, enfin lors de l'autopsie, par l'état particulier de certains organes, de la rate, par exemple.

Chose remarquable cependant, c'est qu'au moment où cette résorption se révèle par des signes incontestables, les phénomènes fournis par le tube intestinal ne sont pas toujours en rapport avec les symptômes généraux. Bien mieux, il arrive assez souvent que des symptômes légers coïncident avec des lésions graves de l'intestin, tandis que dans une multitude de cas c'est tout le contraire.

Lorsque la fièvre bilieuse passe de l'état simple aux formes adynamique et ataxique, soit que cette transition résulte d'un traitement irrationnel, ou qu'elle soit spontanée, il est permis de se demander quels sont les moyens les plus propres à rétablir l'équilibre de l'économie? Or, si à cet égard nous consultons les résultats dont nous avons été témoin, nous n'hésiterons pas à répondre qu'on doit d'abord employer un vomitif si l'état du malade le permet, ou bien un laxatif dans le cas contraire. Voici ce que nous avons observé chez nos malades sous l'influence de l'un ou l'autre de ces agents médicamenteux : si la langue était couverte de croûtes visqueuses et fuligineuses, elle s'en dépouillait; si elle était sèche, rouge et comme rôtie, elle se couvrait d'une légère humidité; le ventre devenait plus souple; les borborygmes ne se faisaient plus entendre; les douleurs épigastriques et abdominales diminuaient, puis disparaissaient; le délire devenait moins violent, et bientôt après, comme l'observe Hildebrand, la physionomie offrait un aspect plus consolant.

D'après ces résultats, qui ne nous ont jamais pour ainsi dire fait défaut, ne sommes-nous pas en droit de conclure avec notre maître que les purgatifs ne sont pas plus nuisibles à la muqueuse ilea-coccale que les vomitifs à l'estomac, et que l'inflammation de l'ilœum et du cœcum n'est pas plus essentielle que celle de l'estomac.

Tous les symptômes locaux et la plupart des symptômes généraux qui s'observent dans la fièvre bilieuse, se retrouvent dans la fièvre typhoïde; seulement ils ont revêtu un caractère d'intensité et de gravité plus marqué dans celle-ci. Ces symptômes s'enchaînent tellement, ils sont si intimement liés entre eux, qu'il est impossible de saisir la transition d'une période à l'autre.

Partant de ce principe que la fièvre typhoïde ne change point de nature essentielle en passant de la première période à la seconde, ce qui est suffisamment prouvé par les résultats thérapeutiques, nous avons dû l'attaquer dans la dernière par des agents médicamenteux identiques à ceux qui nous avaient rendu de si grands services dans la première.

En général, toutes les fois que la fièvre bilieuse n'aura pu être étouffée ou vaincue, toutes les fois que les symptômes typhoides se seront déclarés malgré les moyens mis en usage, nous administrons le vomitif ou un éméto-cathartique, surtout si les symptômes d'embarras gastrique sont prononcés; nous modifions seulement cette médication selon les circonstances.

Nous avons remarqué que les purgatifs administrés après les évacuations supérieures avaient beaucoup plus d'efficacité contre certains symptômes, notamment contre la céphalalgie et les douleurs abdominales, que lorsqu'on négligeait d'administrer le vomitif : ces malades qui, dans la première période de la maladie, avaient été soumis aux évacuations supérieures, n'ont point présenté dans la seconde des symptômes nécessitant de nouveau l'emploi d'un vomitif. Choisissant généralement les purgatifs qui produisent des selles sans coliques, notre préférence s'est naturellement portée sur le sulfate de soude, pour tous les malades qui pouvaient le supporter, sur l'huile de ricin, que nous avons l'habitude d'associer aux émulsions d'amandes, sur le calomel ou sur la limonade Rogé. Ces derniers médicaments n'ont été administrés qu'aux personnes qui avaient une répugnance invincible pour les deux autres. Aux individus chez lesquels la constipation était rebelle, nous avons administré l'apozème purgatif du codex ; nous avons fait prendre tous les jours vingt à trente grammes de sulfate de soude ou bien cinquante grammes d'huile de ricin, huit décigrammes de calomel en cinq doses : c'était du reste chez le petit nombre de nos malades que nous agissions de la sorte. Pour les autres, chez lesquels il se faisait assez facilement une excrétion de matières bilieuses et putrides, nous nous contentions de maintenir les choses dans cette disposition avec des doses plus modérées de ces agents médicamenteux.

Dans cette deuxième période comme dans la première, les malades ont éprouvé un soulagement d'autant plus prononcé que les déjections alvines ont été plus abondantes. Le retour des accidents typhoïdes a toujours coïncidé avec la négligence que les gardes-malades apportaient dans l'administration de nos purgatifs.

L'existence de la diarrhée chez nos malades ne contre-indiquait pas l'emploi des laxatifs, parce qu'en effet nous avons observé que les efforts de la nature ne suffisaient point seuls pour débarrasser le malade du produit de toutes les sécrétions qui se faisaient dans l'intestin, et la preuve, c'est que malgré cette diarrhée même assez abondante, nous observions encore des borborygmes et des douleurs abdominales prononcées. Elle était insuffisante par conséquent pour empêcher les lésions organiques et les symptômes de résorption : au contraire, le médicament qui emportait tous les jours avec rapidité l'agent morbifère, avait non-seulement l'avantage d'arrêter le développement de certains phénomènes locaux et généraux, mais encore de les faire disparaître complétement. Pringle s'exprime ainsi au sujet d'une épidémie de fièvre qu'il observa dans le Brabant hollandais en 1748, épidémie qui présente une identité frappante avec les fièvres typhoïdes sans évacuations artificielles : « La nature n'était pas capable de guérir, ou bien elle ne le faisait que lentement et imparfaitement. » Il dit encore, au sujet des fièvres qu'il observa en Allemagne en 1843, et qui présentaient des symptômes analogues à ceux que nous avons décrits, que si on manquait à évacuer ou qu'on ne le fît pas abondamment, le malade tombait dans une fièvre continue grave.

Lorsqu'il s'est manifesté des symptômes de superpurgation, nous avons suspendu immédiatement l'usage des laxatifs pour les reprendre aussitôt qu'il apparaissait de la tension abdominale, des gargouillements et de la constipation ; nous avons encore cessé leur emploi lorsque les selles devenaient sanguinolentes, lorsqu'il survenait des symptômes adynamiques très-prononcés, tels que prostration extrême, syncopes, sueurs froides et visqueuses. Quand l'état de nos malades s'améliorait d'une manière sensible et graduée, nous éloignions petit à petit l'usage de ces médicaments, pour les cesser complétement lorsque nous n'apercevions plus de phénomènes saburraux, quand les selles étaient devenues pour ainsi dire naturelles, quand le pouls avaient repris son type normal et la peau recouvré sa chaleur naturelle. Tous les jours, deux lavements émollients étaient administrés; nous faisions ajouter dans l'un des deux 30 à 40 grammes de sulfate de soude, dans le cas où l'estomac était devenu irritable au point que toutes les boissons étaient rejetées par des vomissements. Dans les cas encore où ces vomissements devenaient sanguinolents, des fomentations émollientes étaient faites sur l'abdomen, surtout dans le cas de coliques. Pour boisson, nous avons généralement préféré, à l'eau de groseilles, la limonade édulcorée avec le sirop de gomme; mais nous avons laissé prendre toutes les boissons aqueuses qui plaisaient au malade, telles que l'eau pure ou sucrée, les tisanes de tilleul, de pommes, les émulsions d'amandes, dans les proportions qui lui paraissaient nécessaires pour étancher la soif ardente dont il était dévoré.

Les malades de cette seconde catégorie ont été soumis aussi exclusivement que ceux de la première au traitement évacuant. Il en est parmi eux qui ont été purgés quinze à dix-huit fois, mais rarement avec la même substance.

Les deux tiers des malades sont entrés en convalescence vers la fin du 2e ou 3e septenaire; l'autre tiers, moins heureux, a parcouru quatre septenaires ou à peu près.

La constitution médicale bilieuse que nous observons depuis quelques années autour de nous et qui s'est manifestée d'une manière si évidente, a dû nous trouver très-partisan des doctrines humorales, et nous faire adopter sans réserve un traitement que nous croyons le seul foncièrement convenable à la fièvre typhoïde. Empressons-nous d'ajouter cependant que si la constitution médicale régnante eût changé brusquement pour revêtir une forme inflammatoire franche et bien caractérisée, en laissant à la maladie son caractère propre, nous eussions, sans rien changer à la base de notre traitement, recouru plus souvent aux émissions sanguines, soit locales, soit générales, en ne perdant pas de vue cependant ces faits d'observation qui sont d'une si haute importance au point de vue thérapeutique :

1° Que cette forme inflammatoire ne s'observe que chez les sujets forts et vigoureux et d'un tempérament pléthorique;

2° Que chez ceux-là dont la face est d'un rouge vif, les yeux injectés et brillants, la céphalalgie violente, le pouls plein et fort, on voit souvent la forme adynamique survenir et succéder sans transition à des symptômes de nature en apparence si inflammatoire. Aussi combien doit-on se mettre en garde contre ces formes inflammatoires, contre ces signes de force, de plénitude et de résistance qu'on rencontre dans l'état du pouls, soit au début de l'affection typhoïde, soit lorsque les paroxysmes du soir et de la nuit se manifestent ! Ces phénomènes de surexcitation générale sont tellement trompeurs, que la mollesse et la dépressibilité du pouls succèdent facilement à sa force et à sa plénitude, soit naturellement, soit sous l'influence des saignées ou des hémorragies.

Pendant cette épidémie, dont le caractère était parfaitement dessiné, nous n'avons jamais eu recours à la phlébotomie. Une violente céphalalgie, accompagnée du cortége entier des phénomènes cérébraux, et surtout le délire, n'a pas toujours été une raison suffisante pour nous déterminer à une application de sangsues; car l'expérience nous avait appris que ces symptômes cédaient souvent à un éméto-cathartique ou à deux ou trois purgatifs, et qu'après une émission sanguine même modérée, ces malades tombaient souvent dans l'état adynamique. Cependant, chez les individus qui, doués d'un tempérament sanguin, n'éprouvaient point de soulagement après deux évacuations gastro-intestinales, nous avons conseillé l'application de douze à dix-huit sangsues derrière les oreilles.

L'effet qu'elles produisaient était généralement favorable. C'est du reste le moyen auquel nous avons fréquemment recouru dans notre pratique ordinaire ; ces émissions sanguines ainsi ménagées, dosées pour ainsi dire d'après le tempérament du malade, d'après les accidents et la nature de la constitution médicale régnante, avancent ou déterminent très-rarement la période adynamique, et ont l'avantage de prévenir les phlegmasies cérébrales qui sont la plus redoutable complication qu'on ait à combattre. Dans les mêmes circonstances encore, nous faisions couvrir la tête du malade avec des compresses imbibées d'eau froide, mais jamais avec de la glace.

Simultanément avec ces moyens, il nous arrivait de faire promener des cataplasmes synapisés sur les membres inférieurs ; certains malades les conservaient huit à dix heures sur la même région : nous avons généralement préféré ces agents aux vésicatoires, par la raison que ceux-ci ont peu modifié, si ce n'est dans certaines complications, l'état de nos malades, et qu'ils ont donné lieu à des escharres dont la séparation et la guérison ont été fort lentes.

Nous avons eu recours à la médication tonique lorsque les phénomènes morbides paraissaient complétement vaincus, quand les nuits étaient calmes, quand la langue se couvrait d'humidité, quand il n'existait plus de soif, ni de sensibilité, ni de tensions abdominales, quand le pouls avait repris son type normal et la peau sa chaleur naturelle; nous avons ordinairement donné la préférence à l'eau vineuse, au sirop et au vin de quinquina à petites doses; nous avons employé aussi parfois la tisane d'angélique ou d'arnica; nous avons toujours agi de. manière à ce que le malade reprît peu à peu les forces perdues et que la convalescence ne fût pas entravée par une rechute.

Lorsqu'il est survenu des symptômes adynamiques très-prononcés, qu'ils fussent le résultat de quelque perte de sang accidentelle ou provoquée, ou qu'ils fussent spontanés, nous n'avons pas hésité, bien que nous fussions encore loin de la convalescence, à administrer les mêmes substances à une dose plus élevée. Nous usions cependant d'une certaine réserve pour éviter de donner naissance à quelque irritation locale ou à une surexcitation générale.

Si, en dehors de cette médication, les phénomènes ataxiques revêtaient un caractère alarmant, nous faisions administrer une potion composée avec les eaux distillées de laitue, de tilleul, de fleurs d'oranger, édulcorée tantôt avec le sirop diacode, tantôt avec le sirop d'éther ; en outre, des frictions étaient faites sur l'abdomen avec l'huile de camomille camphrée. Du camphre était administré en lavements. Comme boisson, je donnais le bouillon de poulet.

Redoutant pour nos malades les rechutes, dont nous avons déjà dit un mot dans l'un des chapitres précédents, nous avons dû surveiller avec une attention toute particulière le moment où la convalescence se déclarait, où l'appétit se manifestait. Lorsque nous reconnaissions en effet que les ressources de l'art avaient complétement triomphé des phénomènes morbides, nous accordions aux convalescents des potages au bouillon de veau et de poulet, soit avec les fécules, soit avec les pâtes, ou des bouillies. Puis, lorsque ces malades arrivaient à bien digérer ces aliments, nous passions aux œufs frais et aux viandes blanches. Tous ceux qui ne se sont point écartés du régime que nous leur avions tracé, tous ceux qui ont tenu un compte fidèle de nos observations, sont arrivés assez promptement à une guérison parfaite.

RÉSUMÉ.

Depuis seize ans que nous exerçons la médecine dans l'arrondissement de Mortagne, nous avons été appelé à donner des soins à un nombre considérable d'individus atteints de la fièvre typhoïde, tantôt dans des cas isolés, tantôt au milieu des épidémies de cette pyrexie.

Dans l'épidémie de Saint-Mard, par exemple, nous avons traité :

Saint-Mard.	Malades traités par nous :		82	sur	106
Le Pin-la-Garenne.	—	—	22	—	30
Réveillon.	—	—	38	—	45
Saint-Denys et Réveillon.	—	—	25	—	32
Mauve.	—	—	27	—	48
Moulins.	—	—	114	—	132
			308	—	393

Résultats obtenus.

Saint-Mard.	Guérisons	80	Morts	2
Le Pin.	—	17	—	5
Réveillon..	—	35	—	3
Saint-Denys et Réveillon . .	—	20	—	5
Mauve.	—	26	—	1
Moulins.	—	104	—	10
Total. . .		282		26

Il ressort de ce tableau que sur 308 individus qui ont reçu nos soins dans ces épidémies, nous n'avons eu à enregistrer que 26 décès, et sur ces 26 décès il y en a 6 ou 8 qui doivent être attribués à des causes contre lesquelles viendrait échouer le talent de toutes les sommités médicales. Nous voulons parler de l'abandon des malades, d'une extrême misère, de l'incurie des habitants de la campagne qui réclament souvent les secours de la médecine après avoir rendu les ressources de l'art impuissantes, enfin l'indiscipline et les écarts de régime.

En dehors de ces épidémies, tant dans notre pratique particulière que dans notre hôpital, nous avons traité un nombre aussi considérable de typhyques, et nous avons constamment adopté pour tous la méthode évacuante et toujours avec une *impunité* parfaite ; jamais nous n'avons eu recours à la saignée générale, à moins d'avoir rencontré des inflammations plus ou moins dangereuses (ces cas étaient assez rares), et nous avons alors obtenu des résultats aussi satisfaisants que les précédents.

Pénétré de cette pensée enfin que les phénomènes gastriques qui apparaissaient dans l'origine de la fièvre typhoïde ne sont autre chose qu'un état saburral des premières voies, état dû à la présence de matières dégénérées parfois très-irritantes sur la muqueuse gastro-intestinale ; persuadé que les diverses phlegmasies qui se manifestent dans le cours de cette pyrexie et dont on retrouve les traces à l'autopsie, aussi bien que les *phénomènes* cérébraux qui sont quelquefois portés au point de faire redouter la complication d'une méningite, ne sont que la conséquence de ce principe morbide, nous avons, dès le début de notre pratique, recouru sans hésitation à l'emploi des vomitifs et des purgatifs.

Nous avons agi avec d'autant plus de confiance que d'abord nous avions étudié avec soin et médité les écrits de Stoll, de Tissot, de Hildebrand, de Pringle ; que ces illustres praticiens nous avaient démontré d'une manière irrécusable que la meilleure méthode pour faire avorter les fièvres putrides et malignes consistait dans l'administration précoce des vomitifs, que la méthode la plus sûre pour les faire dégénérer consistait au contraire dans l'emploi des saignées copieuses ou répétées, et qu'ensuite nous avions été frappé des résultats qui étaient obtenus à l'hôpital Necker dans le service de M. le docteur Larroque.

C'est en effet à la clinique de ce savant professeur, c'est dans les ouvrages remarquables de ce praticien distingué, c'est enfin dans les relations intimes de cet excellent maître que nous avons puisé des connaissances positives qui ont rendu les débuts de notre pratique médicale plus faciles dans le traitement de ces fièvres et qui nous ont permis de recueillir des succès dont nous ne sommes fiers que pour lui en faire hommage; nous les lui offrons comme un témoignage de notre reconnaissance.

Nous nous souvenions encore des préceptes d'un excellent maître dont nous avons reçu, pendant le cours de nos études et même depuis que nous avons quitté l'école, des témoignages de bienveillance et d'intérêt, je veux parler de M. le professeur Rostan dont nous avons suivi pendant dix-huit mois, en qualité d'élève externe, les savantes leçons; nous n'avions pas oublié qu'il conseillait la plus grande réserve dans l'usage des émissions sanguines, et en cela n'est-il pas d'accord avec Sydenham, Pringle et beaucoup d'autres praticiens non moins recommandables que nous avons déjà cités.

Enfin, parmi les praticiens illustres qui, par leurs travaux, sont parvenus aux sommets de la science, parmi ceux qui occupent les plus hautes positions médicales, nous rencontrons d'abord M. le professeur Andral qui a fait justice des émissions sanguines dans le traitement de la fièvre en question, parce qu'il a reconnu que sous leur influence il voyait se multiplier rapidement les symptômes nerveux, les soubresauts des tendons, l'abattement, le délire, etc.; M. le professeur Forget, qui considère le trouble de l'intelligence qui survient à la suite des diplétions sanguines, comme un phénomène nerveux analogue à celui qui résulte des hémorragies.

M. le professeur Cruveilhier a fait souvent les mêmes réflexions, en ajoutant que la durée des fièvres typhoïdes traitées par les saignées coup sur coup a été plus courte que par les autres méthodes, mais fatale.

M. Chomel ne recommande la saignée que dans les cas où l'affection se présente sous la forme qu'il appelle inflammatoire, et quand il survient des congestions accidentelles; faisant observer « que dans l'affection typhoïde la forme adyna-
» mique peut succéder à la forme inflammatoire :
» de là, dit-il, la nécessité de ménager les forces
» du malade et, par conséquent, d'apporter une sage
» réserve dans l'emploi des émissions sanguines. »

Cette opinion sur la méthode antiphlogistique dans le traitement de la fièvre en question n'est pas seulement propre aux auteurs que nous venons de citer, elle *était* et elle est encore partagée par les médecins les plus illustres à tous les titres, comme MM. Husson, Pouquier, Marjolin, Honoré-Bérard, Sandras, Bricheteau, Guéneau de Mussy, Trousseau et Laugier, qui, après avoir fait subir des épreuves à la méthode évacuante, étaient et sont restés disposés pour la plupart à la mettre toujours en pratique.

M. de Sainte-Susanne, sous-préfet de Mortagne, magistrat d'un grand mérite, vivement et toujours préoccupé de l'état sanitaire de l'arrondissement qu'il administre, nous a fréquemment procuré l'occasion d'étudier les épidémies qui se sont manifestées dans cette circonscription depuis cinq années.

Nous exposerons, et cette fois en peu de mots, pour mettre fin à un travail déjà trop long et pour ne pas abuser des instants précieux et de la bienveillance de nos juges, les résultats de nos observations sur les traitements adoptés par nos confrères, dont nous savons du reste apprécier le talent et le caractère.

Dans l'épidémie de Thiel, dont nous avons envoyé un croquis à l'Académie l'an dernier, ce qui nous a frappé tout d'abord chez les individus atteints de cette pyrexie, c'est un ensemble complet des symptômes qui constituent la fièvre bilieuse; de plus cet état saburral des premières voies, en un mot une grande analogie, presque une parfaite ressemblance entre l'épidémie de Moulins et celle-ci.

Dix-neuf malades subissaient divers traitements. Pour cinq d'entre eux (trois hommes et deux femmes adultes d'une assez forte constitution) on avait pratiqué des saignées générales plus ou moins copieuses; ils n'avaient point été purgés; il n'existait point de diarrhée. Nous les trouvâmes dans l'état adynamique et ataxique le plus effrayant, bien qu'ils fussent à peine parvenus à la fin du premier septenaire. Ils ont succombé peu de jours après notre visite. On avait adopté pour six autres malades adultes aussi, un traitement qui consistait dans l'application de sangsues aux apophyses mastoïdes et sur différentes régions de l'abdomen; boissons délayantes; absence de diarrhée; point de purgatifs. Trois des individus de ce groupe chez lesquels les applications de sangsues avaient été réitérées, offraient les mêmes symptômes que ceux du groupe précédent : ils succombèrent également. Les trois autres furent pris de dévoiement plus tard; ils guérirent, mais leur convalescence fut longue.

Huit autres individus traités par la méthode évacuante que notre confrère Chartier, praticien distingué, avait adoptée pour tous les malades soumis à ses soins, n'offraient parmi les symptômes graves que la pyrexie. Elle n'avait revêtu chez eux aucun phénomène qui fît redouter un résultat funeste.

Les trois quarts des individus atteints dans cette épidémie furent soumis à la méthode évacuante par le praticien, et il sauva plus de malades à lui seul que tous ses confrères réunis.

Une épidémie de fièvres bilieuses typhoïdes règne dans les communes de Moussonvilliers, de Maletable, de Lhôme, de Longny; elle frappe un nombre considérable d'individus; mes honorables confrères Lemonier, Hurel, Delente, qui donnent leurs soins aux personnes atteintes, m'affirment qu'ils ne pratiquent presque jamais de saignées générales et qu'ils obtiennent les meilleurs résultats au moyen des purgatifs.

CAUSES DE L'ÉPIDÉMIE.

La Contagion.

La fièvre typhoïde pour nous est épidémique et contagieuse. En effet, soit que le médecin l'observe dans une épidémie, soit qu'il la rencontre isolément dans les hôpitaux ou dans sa pratique particulière, elle pourra toujours se communiquer par contagion à tout individu prédisposé qui aura touché les malades ou leurs effets, ou même qui seulement aura respiré pendant un temps plus ou moins long une atmosphère saturée à un certain degré de miasmes émanés de cette maladie.

Quand une maladie s'est communiquée d'un individu à un autre, quelles que soient les voies par où cette communication a eu lieu, il y a eu contagion. La contagion, c'est le fait principal, c'est la transmission par les voies que nous avons signalées d'un principe morbide passant d'un individu à un ou plusieurs individus. Le frottement, l'insertion, l'infection que nous appelons *indivi-*

duelle sont les voies et moyens, les modes de la contagion.

En 1844, nous avons observé une épidémie de fièvres typhoïdes dans la commune de Saint-Mard : nous en avons recueilli avec soin les caractères principaux, et au point de vue de la contagion surtout, nous avons signalé des circonstances et des faits qui nous paraissent bien concluants en faveur de cette opinion.

Nous avons raconté comment l'affection typhoïde, qui avait été apportée dans le bourg par une jeune fille, avait été ensuite communiquée par elle aux parents nombreux qui lui avaient donné des soins; nous avons fait connaître comment ceux-ci l'avaient communiquée à leurs parents et à des amis qui étaient venus les visiter plus ou moins fréquemment : enfin nous suivîmes la maladie depuis son point de départ, je veux parler de la jeune fille qui, bien que fort gravement atteinte, fut guérie ; nous suivîmes toutes les circonstances de la production de la maladie chez tous ceux qui en furent successivement frappés jusqu'au dernier (il y en eut 82) ; nous pûmes constater avec toute certitude que parmi les individus qui payèrent leur tribut à l'épidémie, il n'y en eut pas un qui, valide, n'eût eu des relations plus ou moins directes avec un individu malade;

bien plus, des habitants des communes voisines, qui vinrent passer des jours ou des nuits auprès des malades de Saint-Mard, emportèrent avec eux les germes de la pyrexie et les communiquèrent à plusieurs membres de leur famille.

Ces faits furent bien constatés par mes confrères qui exercent la médecine dans ces différentes communes : ils enregistrèrent et eurent l'obligeance de me transmettre ces précieuses observations.

Dans le courant de l'année 1853, je fus appelé à un village de la commune de Réveillon, canton de Mortagne, pour donner des soins à une fille de 19 ans nommée Dolivet, qui offrait tous les symptômes d'une fièvre typhoïde grave parvenue déjà à une période avancée de la maladie : j'ignore où cette fille avait contracté les germes de cette maladie. Elle ne se rappelait point (déjà l'intelligence était obtuse) avoir communiqué avec d'autres malades ; mais ce qui est remarquable, c'est que huit jours après ma première visite, au moment où cette fille allait expirer, son frère, sa belle-sœur et sa mère, qui habitaient la même maison et qui lui avaient tour à tour donné des soins, présentaient des symptômes déjà caractéristiques de la pyrexie typhoïde, bien qu'ils eussent avant cette époque joui de la santé la plus parfaite.

Les membres de la famille Dolivet ne suffisant plus à soigner leurs parents, des voisins passèrent des jours et des nuits auprès de ces personnes ; ils contractèrent la maladie et la communiquèrent à leurs proches dont ils reçurent les soins : enfin 33 individus furent *successivement* atteints de l'affection ataxo-adynamique, individus sains de tous points avant d'avoir séjourné auprès des malades ; aucun d'eux n'avait été atteint autrefois d'une maladie qui ressemblât à la fièvre typhoïde : les trois quarts de ces individus étaient âgés de 20 à 38 ans, les autres de 40 à 60.

L'affection qui avait atteint la presque totalité des habitants du village de la Pelleterie se propagea dans les villages environnants et frappa douze personnes qui avaient *manifestement* puisé les germes de la maladie auprès des individus primitivement affectés. Ce qui nous sembla remarquable dans le cours de cette épidémie, c'est que nous eûmes à traiter dans plusieurs maisons tous les membres d'une même famille ; et que dans les habitations où des individus furent épargnés, cette immunité porta principalement sur les enfants et les vieillards.

Nous avons souvent observé chez des nourrices arrivant de Paris avec des élèves reçus à la direction municipale, les germes de l'affection ataxo-adynamique ; nous avons constamment empêché le sevrage ; l'enfant a pris le sein de la nourrice jusque dans la période ultime de la maladie, et sur plus de vingt faits de cette nature, que la nourrice soit morte ou ait survécu, son élève n'a jamais éprouvé d'accidents de nature typhoïde ; en un mot, nous n'en avons jamais perdu un seul dans ces circonstances.

Dans l'épidémie de Moulins, qui fait l'objet de notre travail, nous voyons l'affection typhoïde éclater chez l'enfant Chevillon, âgé de 15 ans. Il entre à peine en convalescence, lorsque son père et sa mère subissent les atteintes de la maladie. La petite Avenel, âgée de 10 ans, offre tous les symptômes de la pyrexie régnante : elle guérit ; ses parents, dont j'ai parlé à l'article des complications, contractent les germes de la maladie et succombent : la mère de ceux-ci et deux gardes-malades qui leur donnaient alternativement des soins, tombent successivement malades ; on désespère de leur existence pendant plusieurs jours. Ils offrent ainsi que les époux Avenel des escarrhes profondes.

M. Sevray, curé de Moulins, qui jour et nuit se multipliait auprès des malades (nous en comptions 35 à la fois pendant le mois de décembre) avec un dévouement et une abnégation qui mériteraient les éloges d'une plume plus éloquente que la mienne, et auquel nous sommes heureux d'adresser un témoignage public de reconnaissance pour les nombreux services qu'il nous a rendus dans le cours de cette épidémie; M. le curé, disons-nous, après avoir accordé les secours de son ministère au nommé Avenel, éprouva des maux de tête, des étourdissements, des horripilations qui alternaient avec de la chaleur à la peau; la bouche devint pâteuse et amère; il eut des nausées, des rapports venteux et nidoreux, de la fatigue dans les membres, de l'inappétence, etc.; enfin il paya son tribut à l'affection régnante : sa maladie fut longue, parce que son zèle lui fit réclamer un peu tard les secours de la médecine et reprendre trop tôt son service auprès des malades.

Les membres de la famille Creveux, au nombre de cinq, furent atteints, mais successivement et se transmettant en quelque sorte tour à tour la maladie; la femme Pauthonier, qui fut longtemps et gravement atteinte, communiqua l'affection à sa fille; Leprince la transmit à sa fille et à sa petite-fille, celles-ci la transmirent à leur mère; Mme Fleury la communiqua à son mari; M. Sardin à sa femme; la petite Lemerey, âgée de 12 ans, la fille Scholastique la communiquèrent à leur mère. Chez Leclancher, cinq personnes furent successivement frappées par l'affection typhoïde. Un jeune apprenti de cette maison fut transporté gravement malade auprès de ses parents, dans une commune fort éloignée du foyer d'infection : ces derniers, en lui donnant des soins, contractèrent successivement les germes de la maladie M. Perrault transmit l'affection ataxo-adynamique à sa femme ; le même phénomène fut constaté pour les époux Leconte et trois de leurs enfants, pour M. Lemaître et sa femme, pour les sœurs Cussy, la femme Lamotte et ses deux filles.

Il est fort peu de malades parmi ceux que nous avons observés dans cette épidémie chez lesquels nous n'ayons pu constater d'une manière parfaitement évidente le mode de transmission, constater enfin des phénomènes incontestables de contagion ; le fait observé chez M. le Curé est un des plus remarquables sous ce rapport.

Ne voulant point dans ce travail rapporter tous les documents historiques qui mettent pour nous hors de doute la transmissibilité de la fièvre typhoïde par contact immédiat ou médiat, nous avons dû nous borner à l'exposition pure et simple d'une partie des faits de cette nature que nous avons observés depuis quinze ans ; nous pourrions encore les multiplier (car nous en possédons plus de 400), si nous n'avions la crainte de fatiguer les personnes qui voudront bien examiner notre travail.

Nous croyons néanmoins devoir signaler encore les faits suivants, parce qu'ils nous paraissent bien concluants au point de vue de la contagion ; nous les avons observés en dehors de l'état épidémique de la pyrexie typhoïde. Un jour, une femme adulte est apportée dans la salle de Sainte-Marie à l'hospice de Mortagne ; elle reçoit des soins d'une infirmière nouvellement arrivée et bien portante, celle-ci est assistée par une fille robuste qui était à l'hospice depuis quelque temps pour subir la section du tendon streno-mastoïdien ; toutes les deux contractent la fièvre adynamique et l'une d'elles succombe. Une autre fois, trois militaires passagers et valides remplacent l'infirmier de l'hospice auprès d'un individu affecté de la pyrexie typhoïde : deux d'entre eux sont frappés presque simultanément et présentent tous les symptômes d'une adynamie profonde. Mon confrère et ami le docteur Saint-Lambert, le Bretonneau de la localité, m'a déclaré que depuis 40 ans il a observé dans notre hôpital, dont il est le chirurgien aussi heureux qu'habile, six faits analogues et dans des circonstances semblables. Enfin nous avons vu dernièrement à Séez et à Mortagne des sœurs de la Miséricorde contracter les germes de la fièvre ataxo-adynamique en donnant des soins à des typhoïdes en dehors de toute espèce d'épidémie de cette fièvre.

Est-il rationnel maintenant, après la constatation non équivoque de ces faits et de tant d'autres, de se prononcer d'une manière décisive contre la transmission immédiate ou médiate de cette maladie, de se refuser à admettre qu'elle n'a point de germe et que sa propagation est constamment due à l'altération de l'air et à d'autres circonstances hygiéniques qui modifient l'économie de la même manière que ce fluide saturé d'impuretés?

Maintenant un dernier fait qui n'est pourtant point sans intérêt dans la question de la transmission, et que nous avons eu également l'occasion d'observer dans l'épidémie dont nous venons de tracer l'histoire, nous voulons parler de l'immunité dont certaines personnes jouissent par rapport à la fièvre typhoïde : en effet, des individus ont vécu constamment au milieu des typhoïdes sans contracter la maladie. Trois personnes adultes du sexe féminin, d'une constitution normale, d'une santé assez altérée, ont fait le service de gardes les jours et les nuits auprès d'un grand nombre de malades sans ressentir la moindre atteinte de l'affection régnante. Ces personnes cependant n'avaient jamais été atteintes de la fièvre typhoïde. Ce sont sans doute des cas de cette immunité et la difficulté de suivre la contagion, qui empêchent un grand nombre des médecins exerçant à Paris d'admettre ce mode de transmission pour la fièvre typhoïde, tandis que dans les petites villes et dans les campagnes cette transmission est si facile à saisir que tous les praticiens ne tardent pas à la reconnaître. Hâtons-nous de le dire, MM. Bretonneau, Velpeau, Trousseau, Rostan, Louis, Gendron sont amenés à conclure à la suite de plus de soixante observations que la contagion est presque exclusivement le mode de transmission de la fièvre typhoïde : MM. Navières, Leuvet, Mondières, Lombard de Genève, Thiriol, Féron de Bayeux et beaucoup d'autres praticiens distingués de la province ont démontré le fait de la manière la plus convaincante.

La contagion, en Angleterre, en Ecosse et en Irlande trouve encore beaucoup plus de partisans qu'en France. Si, en effet, nous consultons les mémoires de Tewedie, Perry, Marottes et Peebles, nous y trouvons cette question résolue de manière à braver toute espèce d'objection. Les observations relevées dans l'hospice de M. Ellioston tendent aussi à décider la question dans le même sens.

Comme moyen prophylactique, nous avons naturellement ordonné d'isoler les malades et les convalescents, de renouveler fréquemment l'air des appartements; nous avons conseillé aux voisins des malades de suspendre et de cesser même complétement des visites inutiles; enfin nous avons choisi, autant que cela était en notre pouvoir, des gardes-malades parmi les individus qui paraissaient jouir d'une certaine immunité.

En somme, de tous ces faits nous arrivons logiquement à conclure que la fièvre typhoïde est non-seulement épidémique, mais encore qu'elle peut se transmettre directement par le contact des malades, par le séjour au milieu de l'air qu'ils respirent, enfin par le contact des vêtements qui leur ont servi.

FIN.

www.ingramcontent.com/pod-product-compliance
Ingram Content Group UK Ltd.
Pitfield, Milton Keynes, MK11 3LW, UK
UKHW021036230726
13926UKWH00004B/1514

9 782016 146170